目次

序文

私は、平成十二年四月から名古屋の朝日カルチャーセンターで月に二回「円空仏」の講座を開いてきた。水谷早輝子氏は、第一回からの受講生であり、十五年目の現在にいたるまで聴講を続けて下さっている。

私の「円空論」は、作品論が主体であり、それに加えて円空仏の周囲の庶民信仰に視点をあてて考察することに主眼をおいている。

水谷氏は、私の「円空論」を汲み上げつゝ、さらに御実家が修験道のお家柄ということもあり、円空の宗教について語る時、欠かすことの出来ない修験道と円空の関連について特に関心を寄せられていた。そして、「日本山岳修験学会」の会員にも登録され、修験道研究を深化させてこられた。いつしか、修験道関係のことに関しては、私が教えを乞うことも多くなり、講座中に主客転倒する場面もしばしばあった。

もともと作家で、小説本も上梓されている同氏であってみれば、卓抜な文章表現と豊富な語彙はいうまでもないことだが、なによりも円空と修験道に対する真摯な熱い思いが行間から滲み出ているのが感じられる。

同氏によれば、円空は江戸時代においてまれに見る純粋な修験道の実践者だということである。又、円空仏の造像は、修験道修行の階梯での表出であると説かれる。

従来の円空研究に対して、随所に新たな見解と問題提起が出されており、新しい視点で積み重ねをしている本書は、今後の円空研究に一石を投じるものと思われる。

本書は、円空の前半生の延宝四年までのことについての論述であり、続編の後半生も構想を練っておられると聞く。続編の刊行を楽しみにし、水谷氏の今後の研鑽を祈りつつ、本書推薦の筆を置きたい。

円空学会理事長　小島梯次

山岳斗藪

斗藪とは、煩悩をふり払ってひたすら仏道修行にはげむこと。修験道では山岳を修行場として、山中を歩いて修行することを山岳斗藪という。仏教の頭陀行や道教の入山修行の影響を受けた密教僧や民間の聖などが、奈良時代の頃から山中に入り、峰中の窟に籠り修行したことに始まる。

はじめに

江戸時代の前半、山岳斗藪※や窟籠を主とした修験行を繰り返し、仏像彫刻を通じて民間の間を唱導行脚した円空という修験者がいた。その実績は謎めいた部分も多いが、最近の研究では、寛永九年（一六三二）美濃の国竹が鼻、現在の岐阜県羽島市竹鼻町で出生したとされ、岐阜県関市池尻に弥勒寺を中興し、元禄八年（一六三二）長良川の河川敷で入定するまで、十二万体の造像を祈願しこれを達成したと伝えられている。

その像容は、儀軌にとらわれず、円空の心識に浮ぶ形を具現化したものである。山岳で修行した者だけが繰り出す潔癖なまでの純粋なノミ跡と、静謐な香りを漂わせる宗教と芸術が一体化した面立ちが、日常の中に信仰を手軽に持ち込めないでいる現代人の心のより処となっている。

現在、円空が民間に遺した造像が、五千三百五十体程、発見されている。その分布状況から岐阜・愛知を中心に東は関東・東北・北海道、西は三重・滋賀・奈良などを回国したことが窺える。

修験道には真言宗の当山派と、天台系の本山派の二派があった。円空は、当山派修験では、近江の伊吹修験、大和法隆寺の堂衆から瑜伽行派の三密観法を学び大峰修行を試みた。天台系では、美濃の白山修験を初め、大和園城寺に伝わる天台寺門派修験、野州の日光修験がある。慶長十八年（一六〇三）修験道法度以来、本山派、当山派のいずれかに分属することを義務付けていた近世の修験道界ではあったが、円空は宗派に分属することなく自由に歩いたのである。

円空のこの奇異な行動は、江戸後期に編纂された飛騨代官長谷川忠崇の『飛州志』に「姓氏或ハ何国ノ産、何レノ宗派ト云フコトヲ不知」とその行動の不明朗さを嘆かせるほどであった。

これまで、円空の宗教者としての思想背景や修験行を窺う手がかりとなる自叙伝的な伝記資料や、造像に関する願意などが残っていない為、円空の宗教的動向を窺うことは困難とされてきた。だが、近年、円空仏の背面に附着している梵字の体系的整理が進み、円空の思想背景や祭祀儀礼を知る上で、円空和歌が見直されるようになった。

そこで、円空が修験道を実践する上で実際に儀礼の中で使用した和歌や、各地に点在する円空の造像にも触れて、一般的な修験道の修行儀礼や教儀と対比させながら、回国を主とする修験者円空がどのような修行をし、いかなる宗教的性格をもった修行者であったのか。本書では円空が史上に登上した寛文三年(一六六三)から修行位の修験者として、近世中期の修験道界に認知される大峰修行を成し遂げた延宝四年(一六七六)までの、円空前半生に絞りたいと思う。

第一章　円空求道の始まり

第一節　円空を取り巻く宗教環境

円空が史上に上ったのは、寛文三年（一六六三）の十一月。三十二歳の時である。

岐阜県郡上市美並町の旧根村にある神明神社に伝わる棟札の記録と、円空が造像した天照皇太神、阿賀田大権現の男女二神像と八幡大菩薩の男神像を加える三柱の神像により、円空の行跡を知ることができる。

棟札には、表面に「寛文三年癸卯　奉重造　天照皇太神宮　阿賀田大権現御尊躰　村中攸　繁栄　霜月六日辰」

裏面に「円空修造之　別当寶樹庵　神主西小藤彦太夫」という墨書がある。

この棟札により、円空は、寛文三年には寶樹庵の別当※職についていた西神頭※（西小藤）彦太夫神主の元に寄寓していたと考えられる。西神頭彦太夫は、役の行者に次ぐ「日本第二之行者」と呼ばれる白山開山者、泰澄の子孫と伝えられ、代々「彦太夫」を踏襲する神主家である。円空

別当
神仏習合の流れの中で、神社や神宮寺に属し仏事を修した社僧のこと。

西神頭
寶樹庵神主家は、寛文初頭「西小藤」を用いたが寛文後期から「西神頭」が一般的に用いられているので本書では西神頭を用いる

当時は、二十五世彦太夫の時世で寶樹庵の別当職に着いていた。高野山南谷、増福寺を本寺とする下田薬師寺の末庵、薬師如来を本尊とする真言の庵である。後になって、円空が、分家にあたる東神頭が神主を務める半在の八坂神社で牛頭天王を造像化している。

西神頭彦太夫の社職である別当職とは、神を祀る神社と神の本地仏※を祀る神宮寺を同一境内に持つ神仏習合の流れの中で誕生した社職である。仏事を修する社僧が、その任に当たるのを常としたが、西神頭彦太夫の場合は、僧侶でなく神主の立場で社職に着いている。別当職にも僧の位階により様々な名称があるが、西神頭彦太夫のように僧侶ではなく、環俗した社人の立場で社職に携わる別当を、俗別当と称した。

寛文初頭、根村に現れた円空は、神主が別当職に着き維持運営する寶樹庵に寄寓し、村内に点在する神社や小祠等の大破したもの、或いは、古くなった社などの新設や修復に関連した祭祀神事に纏わり、神の御身体を造像化していたのであった。

同じ頃、白山開山者泰澄を白山修験の祖師と仰ぐ美濃の馬場にある長滝寺では、神道、顕教、密教の三宗が混淆した白山修験の一山組織を結成していた。六谷六院三百六十坊からなる広大な白山修験の頂点に立つ

本地仏

神仏習合の思想が理論的に進展して、仏教の仏や菩薩が本地で、日本の地に衆生を救済する為に現れた姿が神祇であるとする。法華経の本迹二門の考え方と密教の本地身加持身などの教理によって、両方が不二一体であるとする思想を転用したもの。仏菩薩を本地仏、神祇を仏菩薩の垂迹体とする。

のが、長滝寺であった。

白山修験は、天台、東叡山派の天海僧正と密着した幕府が発する宗教政策と相まって、法相から真言、叡山派から東叡山の天台と、めまぐるしく宗旨が変わった。その結果、仏教教理を指導する立場にあった学頭や聖僧たちが打撃を受け、教理の乱れは修験道の修行体系にも影響し、白山禅定を怠る衆徒が続出する有様であった。

衰微の兆候を見せ始めた長滝寺の中でも、修験の頭塔、阿名院は真言系の聖僧修験であった為、後継者が得られず、他の頭塔に比べ衰微が激しく、二、三人の有髪の浪人者（俗山伏）が住みつく零落ぶりであった。

仏式による寺社運営をする白山修験が衰微する一方、円空が寄寓した西神頭神主家が維持運営する寶樹庵は、同じ白山修験を継承していても、長滝寺のような信仰の根幹を揺るがす宗派の転派は見られなかった。この地域の人々は、神道化した白山修験を伝える西神頭神主家と共に歩むことで、高賀修験が衰退した後も、美並町粥川の粥川寺を神宮寺に持つ星宮神社によって、法印山伏、真言僧、神主の三者による祭礼法要を務める修験の宗教共同社会を保てたのである。そして、法印、真言僧、神主の三者が一体化することで、西神頭神主家は、その宗教共同社会の中

白山三馬場

白山は、石川県石川郡、福井県大野市、岐阜県大野郡及び郡上市の三県の境にそびえる大汝、御前峰、別山の三山からなる。主峰の標高二七〇二メートルの御前峰に登拝することを禅定と称し、禅定路の登拝口に加賀、越前、美濃の三方に三馬場が開かれた。加賀馬場は笥笠中宮、越前馬場は中宮平泉寺、美濃馬場は中宮長滝寺が起点。

で泰澄法孫として、白山修験が包含する神仏混淆の仏家神道の独自性を保てたのであった。

現在、美並町に点在する神社や小祠に残る棟札のほとんどが、西神頭神主家が祭祀に関わったものである。そこには、「泰澄太師法子、西神頭庄司法位末孫、当社祭祀、西神頭彦太夫」と記している。

円空の登場を今日に伝えたのもその棟札の一枚であるが、根村、神明神社には、「円空修造之」また、勝原（郡上市美並町）にある子安神社の寛文四年の棟札には、「円空沙門」と西神頭彦太夫みずから記している。これらの記録は、西神頭彦太夫が、円空を仏門に帰依した身でありながら神祇の祭祀儀礼に関わる祭典奉仕者として迎え入れている事実を示す。それは、俗別当配下で執り行われる神祇の祭祀に、仏色の濃い修験者が彫刻仏の法施を救済方便として参加している実態を明らかにしているものでもある。社人が勢力を増していく修験道界で、影を帯びる近世期の修験者の微妙な立場を円空が象徴する図式である。

だが、高賀修験衰退後の山麓に古くから祀られている土着の神を護持するには、泰澄法孫の神主家といえども、努力のいる時代でもあった。

寛文期は、明治の神仏分離の先駆けをなした時代である。寛文五年七月に発令された神祇祭祀に関する「諸社《しょしゃ》禰宜《ねぎ》神主《かんぬし》法度《はっと》」の発布を目前にして、修験系の神仏混淆の社が「淫祠邪祠《いんしじゃし》」として、幕府の神社整備対象に挙げられていたのである。破却の危機を迎え、村人の信仰が遠のき始めた修験道の神は、廃退の色が染着しはじめていた。

その上、北海道臼山大爆発のような大災害が日本各地で発生し、人々は不安にさいなまれていた。円空が史上に初めて登場した白山修験の大地も、寛文二年には越前沖を震源とする大地震に見舞われ、寛文五年頃まで気候変動が続き、彗星の出現を待って終焉を迎えている。

当時の庶民感覚では、葬式は阿弥陀仏に頼りながらも、不幸な出来事は神によって除災し、健やかな暮らしを送る現世利益の面から神を求め、村や町を訪れ神仏混淆の習合宗教を唱導する修験者が奉じる神に救済を求める人たちがほとんどであった。

だが、長引く天災は人々の不安をあおり、国土を災害から守ることが出来ない神仏混淆の神は次第に人心を失い、記紀による日本神祇が見直されたのである。「祀られる神」と「祀られぬ神」が、護国思想の台頭の元に神国日本の裾野を二分していくのであった。修験者が伝えた神を崇敬する住民にとって、信仰を失う由々しきできごとであった。

円空に関わりを持つ、寛文三年、根村神明神社（郡上市美並町）の御神体は、護国思想の台頭の元、「神明社造営」を推奨する幕藩体制下で造像化されたものである。

第二節　新しい神を作り出す修験道

高賀三山※の一つ、瓢ケ岳の山麓に、里化した山伏集落を有する根村では、社の体裁が整っていない神を、御遷宮と称し日本の最高神である天照皇太神の元に集め、習合し直したのであった。

その例として、村人の手によって祭典奉仕していた神々を、根村神明神社に遷御した記録を伝える三枚の棟札（『社会と文化史料』美並村史資料編）が現存する。円空は、里山伏集落に奉祀されていた神の遷御に対し、深く関与をしているのであった。

三種の棟札の内、万治二年のものが二枚あるが、そこに「次郎左衛門敬白」とあるので、次郎左衛門を中心に村人たちの手で祭祀供養をしていた八幡大菩薩と阿賀田大権現の二柱の神を、俗別当、神主、西神頭神彦太夫が祭典奉仕をする根村神明神社に、寛文三年十一月の大祭に合わせ遷御したことを告げる。

高賀三山

岐阜県郡上市と関市の境にある高賀山、瓢ケ岳、今淵岳を含め高賀三山と称す。山麓に高賀六社がある。伝説では、山内の妖怪を藤原高光が退治し麓に神を祀ったことに始まる。平安期に真言系の修験が強く関与する行場として始まり、鎌倉から室町期に虚空蔵信仰が盛行。周辺の村から雨乞いの山として信仰される。白山、石動山との関連も指摘される。

神明神社の脇立社、八幡社の造営に関連する棟札（表面）

万治弐年巳亥　大工濃州武儀郡藤原河田
源右衛門
奉造立八幡大菩薩御寶殿　氏子繁昌盛攸
霜月吉辰　本願村中並　次郎左衛門敬白

神明神社の脇立社、八幡社の造営に関連する棟札（裏面）

寛文三年葵卯十一月六日
御本尊初奉入也　別当寶樹庵
神主西小頭彦太夫
代人行之

神明社本殿に関連する棟札Ａ（表面）

万治弐年已亥　大工濃州武儀郡藤原河田源右衛門

奉上葺阿賀田大権現御社村中氏子諸願成円満所

霜月吉辰本　願村中並　次郎左衛門敬白

神明社本殿に関連する棟札Ａ（裏面）

寛文三年葵卯霜月六日

御本尊両躰奉造也

別当　寶樹庵

神主西小頭彦太夫

代人行之

神明社本殿に関連する棟札B（表面）

天照皇太神宮　村中攸

奉重造　御尊躰

阿賀田大権現

神明社本殿に関連する棟札B（裏面）

別当　寶樹庵

円空修造之

神主　西小藤彦太夫

八幡大菩薩が有する大菩薩号は、自ら進んで仏教を受容し仏弟子となった神をいう。そして、本殿の阿賀田大権現が持つ権現号は、仏菩薩が衆生を仏道に引き入れる為、神の姿を借りてこの世に化現した仏と神が同体不可分の関係で成り立つ神である。いずれも、仏教優先の立場にある神々である。

その神を祭典奉仕していた次郎左衛門なる人物が示す棟札には、「次郎左衛門、敬白」の文字がある。この「敬白」とは、修験者が加持祈祷、調伏、憑きもの落としなどの呪術宗教活動をする場合、神祇の本地を礼讃し垂迹の利益を明かし、回向発願の功徳を述べる「表白文」の終わりに「なにがし敬白」と付け加える場合に用いる。こうした言葉を巧みに使う次郎左衛門という僧名のない祭祀者の名乗りは、在家信者から出発して寺社に長く務めているうちに、祭祀儀礼を修得した村人か、或いは何らかの理由で、里化した修験者の可能性もある。そのいきさつがいずれであっても、村人の中心となって、八幡大菩薩や阿賀田大権現の祭礼が執り行える人物である。棟札の梵字に本地を添えた書き方は、俗別当の西神頭彦太夫のものと比較して、見劣りはしない。

地方の集落には、こうした祭祀儀礼に卓越した村人を村人神主、ある

宮座

神社の祭事に関する村内の特権的祭祀集団。農民の間で生まれた名称。

いは、一年神主として迎え入れ、村人だけで運営する宮座があった。八幡大菩薩や阿賀田大権現も、そうした村の宮座※を中心に祀られていたものと思われる。

二枚の棟札の裏面から、万治二年に創立した村営の社に祀られていた阿賀田大権現や八幡大菩薩を、寛文三年に根村神明神社に移し替え、「神主祭祀」に改める為、遷御の神事を、俗別当、西神頭彦大夫神主の代人が執行したことが窺える。

神主は、常に神社に在って、大神の祭祀にのみ仕えることを本分とする。外での不浄から隔絶された存在の神主は、仏教や陰陽道などの影響が強い社の外祭は、神主が外での不浄に晒されるのを忌む関係から、陰明師や修験者などの、不浄を嫌わない巫者の手にゆだねられるのが慣例であった。

西神頭彦太夫神主の代理人の名が、万治二年の棟札に裏書されていることは、神明神社から離れた場所で祭典奉仕が行われていた外祭であった可能性を秘める。俗別当、西神頭彦太夫神主の代人がいかなる階層の巫者で在ったか、棟札の記録だけでは測りがたいが、不浄を忌む必要のない円空のような立場の祭典奉仕者が、寶樹庵の俗別当、神主西神頭彦太夫配下に属していたことを示している。

寛文三年十一月六日。村人神主の次郎左衛門と、不浄を忌む必要のない西神頭彦太夫の代人によって「神迎え神送り神事」を実施した後、根村神明神社でとりおこなわれた十一月の大祭の場で、天照皇太神と阿賀田大権現、八幡大菩薩の三柱の神霊を、円空が造像した神像に西神頭彦太夫の手によって入魂したのであった。

第三節　男神天照皇太神と本地の転換

遷宮神事が執り行われた後の、神々の行方を尋ねると、「本尊両躰奉造也」と阿賀田大権現の棟札の裏面にあるように、阿賀田大権現と天照皇太神は、二神一対の夫婦神として神明神社の本殿に安置されたのであった。

阿賀田大権現を媛宮として受け入れた円空造像の天照皇太神像は、頭に巾子冠を頂いた正装の男神の姿で袖の内で拱手した座像で顕されている。威儀を正した男神天照皇太神は、顎鬚を蓄えた老相で顕し、眼尻をきりっと吊りあげ、鋭い視線を衆生に放つ。鎌倉期の神像に類似した視線である。

阿賀田大権現（右）
天照皇太神（左）
神明神社本殿（郡上市美並町根村）

その媛宮となった阿賀田大権現は、山林地帯の開墾地を畑作する蚕産農家で「蚕の神」として崇拝された神である。

円空は、この土着の神、阿賀田大権現を、頭上に髻を結び小冠を乗せ、髪を長く背に垂らした袿袴姿の正服を身まとう巫女座像で顕している。袖の内で拱手した手には、檜扇はないが、太い鼻梁と肉厚の少し突き出した唇が、がっしりとした肩や腕の豊かさに相まって土俗的な匂いをかもす。初々しい巫女相とは異なり、どっしりとした中年の母相を姿に留める。

二神とも、本殿に用意された神座に座す為、座像のみで顕され、円空特有の台座と連結した造像様式ではない。神道儀礼に沿った神像様式である。だが、伊勢両宮制からみると、二神が有する性が異なる。

記紀に伝える高天原の最高神、天照皇太神は、オオヒルメノムチと言われる太陽神の女神とされるのが一般的である。それに対し、円空様式の天照皇太神は男神の姿で、瓢ケ岳山麓の土着の神、阿賀田大権現を媛宮に迎え、表面的には伊勢神道の二宮制を踏襲しているが、内宮、外宮に配する本地の根本的な密教教理である大日如来の金、胎が逆方向に敷かれている。

伊勢神宮を中心に、平安末期から鎌倉後期にかけ、真言密教の行者が関与して生まれた両部神道では、内宮が胎蔵界大日、外宮に金剛界大日を当てる。根村、神明神社の場合、西神頭彦太夫は、天照皇太神の本地に金剛界大日如来を配し、遷御以前、次郎左衛門敬白の棟札では金大日であった阿賀田大権現の本地を、金大日から胎大日へと「本地の転換」を行ない天神と地神の習合を実施しているのであった。

それを受けて二神の御神体を造像化した円空は、真理の主体面を表わす金剛界（智慧）を男性、真理の客体面を表わす胎蔵界（慈悲）を女性とみなし、男神、天照皇太神像、女神、阿賀田大権現像を彫り作り出しているのであった。

なぜ、こうした「本地の転換」がおこなわれたのか。考えられることは、神と仏の救済観の相異ではないかと思われる。仏は来世が最大の関心事であるが、神は現世の人々の祈願に対し、いかに影響を及ぼすことができるか。それが、最大の関心事である。

寛文期の護国思想の台頭と共に、「神明神社造営」を推奨する幕藩体制下の天照皇太神は、神々の最高神として、此土で衰微していく様々な階層の神の願いに応える神として、円空たちは考えていたのではないだろうか。白山修験の宗教共同社会の民が求めた天照皇太神は、高天原の統治神として、天皇を守護するだけの神として表わされていない。仏教の影響を受けながら、時代の宗教事情に翻弄される神の守護神として習合されているのであった。

その習合の場に配分された天照皇太神の本地である大日如来は、密教教理からみれば、男女という性は超越した存在であるが、根村神明神社の場合だけが、特例的な配分方法というわけでもなかった。

修験道の指南書『峰中秘伝』によると、大峰山の釈迦岳を此土における高天原とみたて、天照皇太神に金剛界大日如来を相当させ、大峰入峰者の煩悩を取り除く神としている。また、修験者が腰に巻く螺緒の説明などにも金、胎両部の大日を父、母と説明し男女に配している例を散見する。円空の天照皇太神二神像における金、胎の配分は、修験道的手法に非常に近い。むしろ、修験道側の天照観を最大限に利用して、救済の主道権を握る主体側の天照皇太神を男神へと性転換を図り、金剛智を力強く発揮する男神、天照皇太神を生みだすことによって、女神の阿賀田大権現と共に主客一体の世界をつくりだしているのであった。

だが、円空はそれだけに留まらず、男神天照皇太神に顎鬚を蓄えさせて老相で表わし、父性を強調させ「孝養父母、行世仁義」を説く儒教の宗廟制を重ね合わせていくのであった。

第四節　宗廟祭祀に託する円空の願い

和する五十川の末なるか
　浮世の人も集まりにケリ
　　　　（『円空歌集』高賀神社蔵）

天上の高天原から、現実世界に降りて来た天照皇太神を慕って寄り来る人々を、「五十川の末なるか」と詠んで、民衆を天照皇太神の神苗と見たて、全ての階層の人々に道が開く天照信仰を思唯する円空である。天照皇太神のもとに習合した神が、敬い祀られる神として存続することを願う修験者円空の心のうちが見え隠れする。

根村、神明神社に集う人々は、主祭神のもとに祀りが滞りがちになった神を重ね合わせ、礼にかなった方法で祭祀がとり行われるように本地の枠組みの転換をはかり、幾重にも神を重ね合わせて、新しい神に造り直す手法を「重造」、と称していたらしく、「奉重造」の文字が棟札にある。聞きなれない「重造」という語意を考える上で、興味を引くのが『修練秘要義』の習合神に対する考え方である。

両部習合トハ何タル故ニイウ哉。曰。伊勢両宮ヲ金、胎、両部ノ大日如来ニ配当シ重合スル故ニ云。習ハ重也。習坎《シュカン》ノ心ニテ重ネ合スルト見ルヘシ、習ヒ合スルト云人アル誤ヘリ也。（『修練秘要儀』巻七目録）

神仏を一所に集める場合、伊勢両宮を金、胎、大日如来に配した伊勢神道の二宮制を基本とするのが修験道界の一般的な作法であったが、一所に集めた異種類の神々が、互いに切磋琢磨して神霊を磨きあげるという気持ちは習合の場には働いていない。密教の二つの世界を陰陽の調和から捉え、その枠組の中に神を次々と重ね、調和を図る習合の仕方を「重合」と称し、その行為における思想を「習坎ノ心ニテ重ネ合スルト見ルヘシ……」。と説明している。

「坎」の中に神を納め奉るのだという「坎」とは、祭祀のために犠牲

八幡大菩薩
神明神社脇立社（郡上市美並町根村）

を入れる祭祀坑、即ち神霊を葬る霊廟（『字統』白川静）とされるが、時代の流れの中で遷座を余儀なくされる神を、救済力の旺盛な神のもとへ集め、新しく神を造り直す行為を、西神頭彦太夫は「重造」と記したと解される。

第五節　もう一柱の宗廟神八幡大菩薩

本殿に祀られた阿賀田大権現に対し、別の神路を歩むのが、神明神社本殿の外に設営された脇立社に遷座した八幡大菩薩である。天照皇太神を護る仏教でいう所の脇士的役割を担う護法神の立場を与えられている。

棟札の裏面に「御本尊初奉入也」とあるので、円空以前は、八幡大菩薩の御霊が宿る依り代は、山や岩、巨木、幣帛など、人の目に霊意を感じさせる自然のもので表わされた御霊代であったのであろう。

円空は、人の外側に祀られていた八幡大菩薩を、神官の姿に模した神像で顕している。祭祀する者の「心」と結びつく生命、と考える神観念を基にした像容である。

様式的には、本殿の天照皇太神と同じで、男子神職の正装を身に着け、巾子冠を頭部に頂く衣冠姿で、両手首を袍の袖口から出し拱手した神人姿の八幡大菩薩である。本殿の二神像の神座は、別に設けられていたが、八幡大菩薩の場合は、身体の部分と一つに繋がって彫り出された円空特有の造像様式である。若相の男神像の顔の表情は、天照皇太神と同様、眼尻を上向きに吊りあげた両眼からは、柔和な慈悲相は消え、近づき難いまでの強固な冷光を放つ。

仏とおなじ悟りを得る為に、人々を救済するという信仰から成り立つ菩薩号に染着していた仏教色は、全てぬぐい取られているように見えるが、丈の長い裳懸け座に垂らした裳の衣紋の流れや、仏像の印相のように拱手を顕わにするあたりに仏教的手法がみられ、神仏混淆の様相を残す。

八幡大菩薩の信仰の源流は、早くから彦山修験※と融合した九州の宇佐八幡宮と、その神宮寺である弥勒寺からなる。修験道や弥勒信仰と深い関係を持ちながら発展してきた神である。

又、胎中に応神天皇を身籠った神功皇后が八幡神の託宣による三韓交渉の結果、三韓を伏した事から、胎中の子、応神天皇と同一視され、「軍神」「託宣」の両徳を持つ神で知られ、国家の大事が起こると、必ず、天皇が勅使を差し向け奉幣祭祀を行う。護国思想を神徳の第一とする皇室の

彦山修験
豊前、豊後、築前の三国にまたがる標高一一九六メートルの英彦山を中心に、東は求菩提山、西は宝満山へと続く英彦山山系を山岳斗藪の修行場として行う三峰十界修行を根幹とした修験道。室町時代に修験道の儀礼や修験集団の組織が整い、日光から来た阿吸即伝により一五〇九年以降に集大成され、全国的教典となる。園城寺や熊野修験と密接な関係がある。

守護神である。伊勢神宮に次ぐ、第二の宗廟神の地位を確立している。

各地の修験道に関連した霊地に造営された神明神社には、根村神明神社のように、天照皇太神を守護する護法神的な立場にある八幡宮をよく見かける。修験道の聖地、奈良県吉野郡天川村洞川にある龍泉寺の境内社、洞川八幡宮には、天照皇太神と八幡大菩薩が男神像で顕されていると伝えられるが、護国思想に支えられた天照皇太神の護法的立場を担う八幡信仰を、修験道は有している。

なん八幡弓矢の宮ノサかゆるは
　納る御世ハ渡住の神
　（『円空歌集』高賀神社蔵）

国の安泰を願う護国思想は、修験者円空の救済における一つの眼目であったのであろう。根村神明神社の天照皇太神を初めとする三柱の神を彫り出した日より二十七年後、元禄三年九月二十六日、岐阜県高山市上宝村金木戸、観音堂の今上皇帝像の背面に、造像発願の達成を告げる文言が記録されている。

観音正面と、背面
有珠善光寺（伊達市有珠町）

第二章　江州伊吹山平岩僧円空

第一節　円空の初名乗り

円空が所属する修験教団を明らかにしたのは、寛文六年（一六六六）七月、蝦夷（北海道）回国の時であった。北海道伊達市有珠町にある有珠善光寺所蔵の観音座像の背面「うすおく乃いん小島　江劦伊吹山平等岩僧内　寛文六丙午七月廿八日　始山登　圓空（花押）」の刻書によって知ることができる。

同じ年の一月十九日の『津軽藩御国日記』に「円空ト申旅僧壱人長町ニ罷在処御国ニ指置申間敷由仰出侯ニ付其段申渡侯へハ今廿六日ニ罷出青森へ罷越松前へ参由……」と旅僧の円空を弘前城下から追放した記録が伝えられている。

江戸時代にはいると、幕府は諸霊山に依拠し全国各地を回国することが多かった修験者を、地域社会に定住させ本、当いずれかに分属して宗教活動を行うことを義務づけていた。その為、津軽藩では他国の旅行者の滞在を許さなかったのである。

幕府の※宗教政策のもとに、他国遊行者に対する津軽藩の対処の仕方や、禁令に背いても辺境伝道に向かう回国僧の行動など、多くの問題を含む記録であるが、この「旅僧一人」という記録は、当時の円空が遊行僧の姿をして回国に出ていた史実を物語る。

北海道の円空仏は、二海郡八雲町にある大田権現の窟を起点に、日本海を望む西海岸から津軽海狭を越え、内浦湾に続く火山大地の海岸沿いに分布する。円空は、海をのぞみながら辺路《へじ》を踏む行道修行を、「旅僧壱人……」とあるように、同行者も連れず、ただ一人で歩んでいたのである。

行道路には、円空が窟籠りをした伝承を持つ窟が幾つか点在する。海抜四八五メートルの大田山の頂き近くに口を開ける、大田権現窟を始まりとし、八雲町の海岸線にそって続く国道の内側に広がる平地に、溶岩層からなる黒色の岩山が聳える。地元の人は、この山を黒岩と呼ぶが、その黒色の岩壁に多数の窟が天井部分のもろさを顕わにしながら口を開けている。その一つの窟に、修行者の窟籠りを証明するかのように、小屋の屋根が下の道路から見てとれる。

更には、内浦湾を南から東にぐるりと回り込んだ所の、豊浦の礼文華

修験道法度

慶長十八年（一六一三）五月二十一日付で江戸幕府が本山派（聖護院）、当山派（三宝院）の各教団に対し下した法度。内容は、本山、当山各別とし、入峰役銭徴収禁止などを主旨とした。この法度により、本山派、当山派が、幕府公認の教団として公認された。その背景には、幕府政策により両派競合に牽制が期待された。

の海岸には、アイヌ人の魚猟場であったと伝えられる奥行き十畳ほどの礼文華窟がある。これらの窟は、その背後に、雷電岳、遊楽岳、駒ケ岳（内浦岳）、尻別岳、有珠岳などの霊山が聳える。

円空のこうした窟から窟を繋ぐ行道路の痕跡は、辺路を踏む行道といっても、ただ、闇雲に海岸線に沿って歩くのではない。辺路を踏みながら、時には、山に入って峰を渡る動きの激しい行道に合わせ、窟に籠って精神集中に精をだすなど、動と静の区別がはっきりとした行道を実践していたことを示す。

現在、円空が所属していた修験教団を伝える有珠善光寺にある、奥の院、観音島に遷座されていた観音座像は、礼文華窟にあった、いそや乃たけ（現在は不明）、内浦山、雷電岳などの道内の霊山を記す観音像のうちの一体である。

その像容は、岩座の上に裳裾を垂らして結跏趺座し、臍の辺りに禅定印を結んで瞑想状態にある菩薩像である。頭頂に結いあげた阿弥陀仏を着けた髻冠の両サイドから、垂髪が肩から腕に向かって流れ落ちる。その垂髪は、後ろ肩から前に向かって丁寧な線彫りが幾筋も施され、豊かな髪の広がりを物語る。一見、薄いベールのようにも感じるが、背の部分に白布の流れは刻まれず、髻冠から左右に下る垂髪の流れである。やや俯き加減に集中する観音から、陰鬱な香りが滲みでて、禅定の深まりを示す。円空が、伊吹山の平等岩の衆徒から、学んだ禅定の形なのであろう。神仏習合の理論面からみれば、神霊の依り代である岩座に座す観音の表現となる。

神座に裳裾を垂らして結跏趺座をしながら、「うすおく乃いん小島……七月廿八日　始山登」、とその刻書の背銘に、動から静に移った行道禅定の証を記す。神仏が混淆した造像の背面に、修験道の教義や儀礼面を伝える工夫が、この期から詳細に記されるようになる。寛文四年の福野（岐阜県郡上市美並町）に新設された白山神社の阿弥陀像背面に始まる刻書が、更に発展した形である。

「うすおく乃いん小島」とは、有珠善光寺の奥の院、洞爺湖の中央に浮かぶ、観音、弁天を祀る洞爺湖観音島とするのが一般的である。天台、浄土の二宗が融合した善光寺は、阿弥陀一仏に救済を求める念仏往生を説く、他の浄土宗の寺院と異なり、女人往生を説く唯一の浄土宗の寺である。長野の善光寺に例をみるように、護摩堂を護る大勧進は天台僧であり、本誓殿を護る大本願は、中世までは尼僧であった。

有珠善光寺の前身は、天長三年（八二六）、円仁（慈覚大師）による開基と伝えられ、慶長十八年（一六一三）、円空が訪れる五十年前、松前藩主によって善光寺と改名し寺の形態を整えられたアイヌの人の大逆殺を施行した松前藩の影響が強い寺である。文化元年（一八〇五）、蝦夷三官寺となっている。

奥の院に弁才天と観音が祀られているのも、法華経を救済の中核に据える天台の顕密教学と融合した、善光寺信仰の現れかと思われる。

洞爺湖観音島を、円空は「寛文六年丙午、七月廿八日、始登山」と登山の記録を記す。登山とは、「とうざん」「とうせん」と読み、一般的には山上の寺社に参詣するという意味である。この観音島がいつ頃、開かれたのか定かではないが、寛文六年には「うすおく乃いん」と円空によって呼称されている。有珠山大爆発後の不穏な状況下で、人々が有珠奥の院の観音島へ女人往生を願って登山していたとは考え難いが、比叡山の円仁を開基と伝える寺院は、天台系の回国僧の出入をもって始まる。その寺の正統性を誇る為、慈覚大師の名前が使われている場合が多い。天台の影響を強く打ち出す有珠善光寺の奥の院、洞爺湖観音島には、円空が「おく乃いん」と記すように、寛文六年には奥の院として宗教的機能を表記している。

奥の院参りの風習が、既にこの観音島に存在していたところに円空が登山したのか。始まりは、円空にとっての初体験という意味の始まりなのか、観音島参りの風習を円空が観音島に始めて作りあげた、という意味の始まりなのか。更には、奥の院に参詣した後、臼山に登山したということなのか。様々な問題を提起する「始」の文字である。

寛文六年六月、広尾（広尾郡広尾町）の禅林寺で、松前藩家老、蠣崎蔵人広林発願の観音像を造像し、その一カ月後、登山をしているのであった。うす奥の院へ円空を結びつけたのは、蠣崎蔵人広林や有珠善光寺に集まる無名の辺境伝道聖や住民であったのではないだろうか。北海道における円空の修験行と、それを支えた人々の交流を考える上で、民間呪術に優れ、葬礼や供養の仕方に独特な方法を持って回国伝道をしていたといわれる善光寺派の伝導聖の存在は、注目に値する。

現世の救いを強く願望する住民や善光寺回国聖にとって、洞爺湖に浮かぶ観音島や臼山にわけいる円空の存在は、なんら違和観はなかったはずである。むしろ、呪術による験力の獲得を求めて修行する修験者は羨望の的でもあったはずである。円空が、なんの抵抗もなく道内の人々に受け入れられているのも、そうした理由からではないだろうか。

寛政元年（一七八九）、蝦夷に渡った菅江真澄の『蝦夷廻手布利』によれば、「円空法師の作の仏、三はしらあり。そのそびらに内浦の嶽に必百年の後あらはれ給ふと書く……」と造像の背面に、百年後を予言した円空の銘文があったことを伝えている。その予言は、百年後現れた松浦竹四郎によって、円空が像の背面に記した通り、それぞれの場所に安置されたのであるが、未来を透視する神秘力が、禅定行道の結果、円空にもたらされている。

修験道では、修行の結果、修験者にもたらされる「験」を仏の悟と考え、衆生に振り向ける救済観に影響を与える。円空の場合は、救済方便である造像様式の中に形となって現れてくる。例えば、仏が座す台座であるが、円空の場合は蓮華座と岩座が連結する二重式台座を特徴としている。聖なるものと俗なるものが、同一座に座す神仏一体化の同体観である。

更には、内浦神社（茅部郡森町砂原）の観音像に見るように、衆生に示す救済方便の手印にも影響している。胎蔵界大日如来が結ぶ法界定印とは、左右が逆で、右、慧手の上に左、定手を重ね、左右の大指を立て

観音正面と、背面
内浦神社（茅部郡森町砂原）

合わせ蓮華の台を乗せる。その様子は、来迎の阿弥陀絵図が伝える観音を彷彿とさせる。だが、円空の場合は、山の彼方から紫雲に乗って蓮華台を持って死者を迎える動きのある観音とは異なる。この濁世に坐して、安楽浄土の仏の座を静かに観想している観音である。

　蓮華の台を浮かべる禅定印は、北海道回国後の寛文九年頃まで見られる。蓮華の台から額の白豪へ集中する観相へと進化し、やがて、上求、下化の二利を示す「上り華、反り華」の蓮華台に阿弥陀仏と共に並んで座す観音へと進化し、鉈薬師（愛知県名古屋市千種区）の群像の中へ安住する。

　円空が作るこの禅定印は、阿弥陀仏が結ぶ「阿弥陀の定印」を除き、殆どの像が胎蔵界大日如来の「法界定印」とは異なり、両手の位置が左右逆である。

　では、円空が法界定印を間違えて彫刻したのであろうか。それが、そうでもないのである。きちんと法界定印を結んだ観音像がある。円空は、意識して逆手の法界定印を菩薩像に結ばせているのである。

　こうした手印の例は、修験者の入峰修行である春の峰で行われる「新客の床堅め」の儀礼の中で、已達先達と区別する未達先達の手印として

観音法界定印
内浦神社（茅部郡森町砂原町）

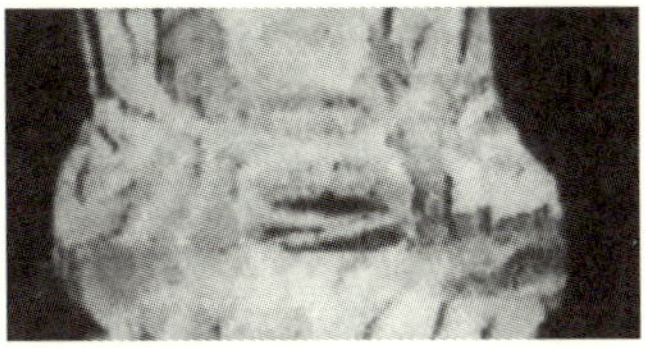

日光菩薩法界定印
薬師寺（羽島市上中町長間）

示されている。菩薩修行の実践現場の儀礼に伴う説明に従うならば、円空の慧手で定手を包む逆手の法界定印を結ぶ菩薩たちは、悟りを求めて修行中の因位の菩薩相を示して衆生に近づいていると解される。得道とは何かも知らず、日々の暮らしが精一杯の衆生と成仏の階梯を共に登ろうとする、観音の救済観を定印に収斂している。

修験道の散乱を鎮める禅定行には、数息観を初めとする五停止観や三密観など、様々な方法がある。北海道回国の内でも、道南よりも早い時期に制作された西海岸側に分布する観音の禅定は、蓮華の台を特に選んで、一心に精神集中を実施する、円空の観法の事相をそのまま菩薩像に写しているのであった。

有珠善光寺の資料館には、阿弥陀仏を信仰の核に持つ善光寺僧たちが、自分が修した善行の功徳をアイヌの人々にふりむけようと努力した遺品が数多く残されている。

善光寺住職に任命された僧侶が、蝦夷地御用旗を掲げ持ち、善光寺入りをした様子を示す「蝦夷地御用旗」には、アイヌ民族の仏教教化に尽力する為、蝦夷入りした念仏僧の覚悟が秘められている。その対極にあるアイヌ人たちが、「南無阿弥陀仏」と六字の名号を唱えながら念珠を繰ったと伝える百万遍念珠は、手づれの跡が黒い光沢を留めている。

一切経や無量寿経などの経典類と共にある地獄絵図には、釈迦の教えを前にして、徳川政権下において、戦う者も戦いを挑まれる者も、大噴火を味わった人々たちも、三者三様に、その境涯を重ね合わせた事であろう。釈迦の教えを信じ、蝦夷入りした善光寺の僧が人々にふりむけた回向の数々である。

宗派は異なれども、釈尊を本師と仰ぐ仏の子の作であれば、因位の菩薩相の手印の上に浮かぶ蓮華台が、善光寺に居処した浄土門の救済者たちが衆生に示す救済観と、遠くかけ離れているとは思えない。

この世に出現した無明の暗黒の中で、苦しむ衆上と同じ座にすわるからこそ、衆生が渇望している安楽浄土が透けて見える。その観想の功徳を、衆生へ振り向けたいと願う回向の思想が強烈に発動したとしても、なんの不思議はない。

西海岸から道南に伝わる菩薩像は、蓮華と岩座の、聖俗が一体化した二重式台座に座し、「蓮華の台」を一心に想う定印が中心となっている。観無量寿経が説く所の観想法であるが、「平等岩僧内」の背銘を有する礼文華窟にあった観音の禅定法を、具体的に説明した手印ともいえる。

観音正面と背面
吉野教会（松前郡福島町吉野町）

言い変えれば、礼文華窟に窟籠りをする頃には、安楽浄土を想う観想が進み、蓮華の台を取りはらってもなんら変化をしないほど、禅定に深まりが増したとも見える。

北海道の造像は、蓮華の台座に特別に意識が持たれ、六種の梵字も、二重式台座の部分に墨書されている。

「[illegible]」と示す梵字は、六観音種字という説（五来重『境涯と作品円空仏』）もあるが、六観音種字を読み説くには厳しい面があり、今後の課題として残されている。

修行の階梯面から、この六種の梵字をとらえるならば、東北、北海道の回国から帰国した円空は、下化衆生を目指す菩薩修行に自己を切り替えているので、寛文六年の東北、北海道回国は、六道修行に重きを置く菩薩の前行に当たる。蝦夷地を覆う無明の暗黒の観察と、六波羅密行の菩薩修行を意味するとも考えられなくはない。

いずれにせよ、行道に関わる教儀を示すものであろう。円空が初めて学習した梵字であり、それを指導したのは、有珠善光寺に関係した辺境回国聖と思われる。こうした浄土門の中で培われた仏が座す蓮華座に集中した観音像を、研究者間では北海道様式と呼ぶ、修験道の行道に関す

黒岩（二海郡八雲町熊石黒岩町）

る「事、理二相」を示した、神仏一体化した円空独特の様式を伝える観音像である。その像の台座部分の梵字は、円空を密教へ誘う途上の梵字にも関わらず、北海道に於ける円空の救済者としての評価は、他の辺境伝道聖たちを据え置いて、すこぶる良い。

寛文七年には、愛知県海部郡大治町の宝昌寺に伝わる観音座像を造像しているので、寛文六年に集中する北海道滞在は、短期であったにもかかわらず、強烈な験者の個性を放つ。

「黒岩といふいはやあるに、円空法師が作る地蔵大士の像あり。眼やむ人よね（米）もてここにまうずれば、そのしるしをうとぞ……」

菅江真澄が、見聞した円空仏について『蝦夷喧辞辯』の中に記す一文である。円空が籠ったと伝えられる二海郡八雲町の黒岩の窟にあった地蔵のことである。

円空の地蔵菩薩は、現在行方不明であるが、菅江真澄は眼病治療の代償に、米の報謝を求めていた地蔵の話を載せる。当時、眼の病も、飢えから来るものがほとんどであったのであろう。飢餓にあえぐ道民が、地蔵菩薩に詣でては、供物の恩恵を密かに頂いていた様子が伝わってくる。こうした話を円空仏に附着させたのは、善光寺関連の辺境伝道聖たちであったのかもしれない。円空が北海道を去った後も、円空は、様々な伝承を増幅させながら、強烈な救済者の個性を発して、物心両面に渡る人々の飢餓を鎮め続けているのであった。

〇☽天地も清御船の池ならは
　法の蓮の世に浮ふらん
もろともに神や在りし玉かきの
　なお九重の花薹ニ
佳　ときはなる御法の蓮の花
　開く神仏も楽の身は
（『円空歌集』高賀神社蔵）

山岳に分け入り、窟に籠り続ける比丘山伏円空が、切に願った欣求浄土の蓮華台である。

伊吹山（米原市）

第二節　伊吹修験と平等岩僧の相体

有珠善光寺所蔵の観音座像の背銘に記す伊吹山とは、滋賀県米原市と岐阜県揖斐郡揖斐川町の境にある標高一三七七メートルの修験道の霊山のことで、「弥勒三会の暁」を待つ霊地とされ、禅定を繰り返す伊吹修験が勢力を張っていた。

この伊吹修験は衰微が激しく、中世にみられるような滋賀県東部に一大勢力を有し熊野先達をしていた伊吹修験は、江戸期には見られない。円空が観音像の背面に記した「平等岩僧内」の背銘は、江戸中期の伊吹修験が、平等岩の行場を中心にした行座のような形で法脈を保っていた史実を今日に伝える。

円空の銘にある平等岩と称される行場は、伊吹山の八合目の南斜面に突き出した高さ十五メートルの大岩盤で、法相と真言の両学に秀でた山林修行者、三修沙門がこの平等岩をこよなく愛し、日夜、禅定に励んだ行場と言われる。又の名を「行道岩」とも称し、大峰山中にある裏行場に代表される修験道最大の秘所として神秘性を誇る。この岩盤の縁を、案内人にたすきを取られて巡ることは、修験道の行道観を表わしているという立場から、四国や熊野の辺路が位置付けられる（五来重『修験道の修行と宗教民俗』）といわれている。

蝦夷回国のおりによる「平等岩僧内円空」とは、聞き慣れない名乗りであるが、僧とは、サンスクリット語で僧伽と音写し衆と漢訳する。「平等岩僧内」と名乗るのであるから、平等岩を行場として三人または五人以上の比丘が集まり、和合して修行にあたる行座の一員として円空が所属していたものと思われる。

円空の修験道人生は、この伊吹山の西山腹にある太平寺から始まったといっても過言ではない。中世までは、弥高寺、長尾寺、観音寺と共に、太平寺は伊吹山四護国寺として栄えていたが南北朝時代に戦乱に巻き込まれ、次第に衰退をきたし、現在は、往古の姿は見られない。

伊吹山四護国寺の一つ、観音寺に伝わる『伊吹山観音護国寺巨細帳』（略して『巨細帳』）の応永二十六年（一四一九）十二月の「唐品大般若経買代貳拾五寛文奉加帳」には、大般若経購入の為、伊吹山寺の一山を構成する僧坊から、その年に収穫した穀類を五斗、一石と持ちより購入代金にあてた状況が記されている。又、本堂の柱立て奉加帳には、各僧坊は勿論のこと、村人総出で、五百文、一貫文と金銭を持ち寄っている。

その在り方は、四護国寺がそれぞれ独立して寺社運営に当たるのではなく、伊吹山寺、一山が共同して事にある共同奉仕により成り立っている。

この一山組織のシンボル的存在が、四護国寺である。その一山組織には、寺田の耕作や雑役に当たる門前百性や承仕等などから、交衆入りの儀式を経た児登、若衆、四役、阿闍梨、八和尚、公文、年行事、院主などの階級からなる修験者の階梯が編まれていたことが、巨細帳から抽出できる。

伊吹修験の聖は、若頭支配の元で、若衆と称される加行や入峰修行などをする弟子山伏の堂衆に当たる聖役である。祭礼や法華八講などの荘厳、雑役などは勿論のこと、大般若経の購入の為、如法経の写経の殆どはこの堂童子的存在の山伏が行っていた。こうした堂童子的弟子山伏は、聖役を三年ほど続けて若衆となり、更に四役に昇進して修験一山で執り行う四季の祭礼や法華八講、大般若会などに列席する一人前の衆徒として認められた。

円空が平等岩の僧伽集団に参加していた頃は、伊吹修験も相当衰退し、中世の頃の修験組織は変形をきたし、修験者の極官である法印、和尚などといわれる階層の先達たちが、伊吹山中に点在する行場を拠り所に、弟子山伏を引き連れて蓮上と呼ばれる山上の弥勒堂を目指す行座を、組織していたものと思われる。寛文六年の「平等岩僧」という僧伽の名乗りは、衰微したと思われていた伊吹修験の健在ぶりを示すものとして、修験道史に貴重な史実を示している。晩年、円空は太平寺の中の坊に帰還しているので、平等岩を中心にした僧伽は、太平寺の塔頭、中の坊を中心に集まった衆徒の集団であったのであろう。

円空が菩薩戒を受けるのは、寛文十一年の法相中宗の血脈譜まで待たねばならない。寛文初頭、西神頭彦太夫配下で、造像活動を開始すると共に回国修行に精を出す頃の円空の相体は、四季の祭礼や如法経堂籠りなどで読経や勤行、雑務等を通じ参加奉仕しながら、山頂の弥勒堂までの入峰修行を繰り返す「若衆」くらいの比丘山伏であっただろう。言い変えるならば、平等岩の衆徒は、五戒による修験得度を済ませ交衆入りをした若衆が、若頭支配のもとに加行や入峰修行に精通するようになると、今まで学んだ教理を実体験の中で証得させる為、民衆の中に入って様々の階層の人々に触れ、自他平等の理を悟る事を目的として回国修行へ出発させていたとも考えられる。

頭をもたげたばかりの、新発意の比丘山伏を世間の塵に染着させる行為は、母虎が子虎を千尋の谷に突き落とすような荒行であったはずである。その平等岩僧が目指す行道の実態は、雪のふる一月、弘前城下から追い立てられるという仕置を松前藩から受けながら北海道へ渡った円空が、硫黄の匂いを撒き散らして火を吹きあげる有珠の火山大地で繰り広げられる道民の暮らしの中に端座し、人の胸中に棲む仏の座を観る在家菩薩の姿であった。一つの行程が終わる度、平等岩の僧伽に待つ導師の元へ帰還していたのであろう。

また、円空の内奥から、法宝を汲みだしてくれる伊吹修験に伝わる平等岩について、『観音寺縁起』には、「山西北登半有高五丈余周十町余大盤石、師於此石上昼夜座禅行導白爾巳来号之行導岩、開山行業不可測識保寿亦長遠化他利物亦広大、蓋権者再来乎」とある。

伊吹修験の祖、三修は、優婆塞を最良の救済者と説く維摩経の講主を興福寺で務める他、唯識や密教に精通した僧と伝えられ、現存する観音寺、松尾護国寺、弥高寺の三寺の宗派をみると、天台山門派の観音寺を除き、後の二カ寺は法相宗から真言宗豊山派に転属している。宗派の推移からも、行者の識に深く入り込む法相唯識が盛んであったことが伺える。

三昧
定・等持ともいう。心を静めて一つの対象に集中し、心を散らさず乱さぬ状態。

江戸中頃、観音寺から幕府にさし出した覚書には、「三修沙門護摩所」とあるので、円空が所属した頃の平等岩の衆徒が実践する修行の核は、平等岩に抱きついて登る平等岩巡りと共に、眼下に広がる民衆の暮らしの中に沈み、又、立ち上ってくる太陽を、朝な夕なに眺めて行う観想や、平等岩の岩盤に護摩壇を設け護摩木を焼く護摩行などで深い瞑想状態に入る、静、動、混淆の※三昧《さんまい》行であったものと思われる。

円空没後、百三十年ほど後、山頂近くの弥三郎の岩屋に籠って修行をした信州の槍が岳の開山者、浄土律の念仏三昧に精通した播隆が出ている。岐阜県揖斐川町の一心寺院に伝わる円空の観音小像は、播隆が持念仏にしていたと言われる。禅定により優れた験を円空にもたらした伊吹修験は、山中の行場を中心にした修験者の小規模集団を維持しながら、山頂の弥勒堂へ登拝を繰りかえす、変形した伊吹修験の法脈を護りながら明治を迎えたものと思われる。

円空が太平寺で十一面観音を造像した元禄二年（一六八九）三月から五か月後の八月には、大津の園城寺で、尊栄大僧正から円空が中興した弥勒寺が円満院末寺となる許可と、天台寺門派の園城寺に伝わる最秘密、授決集血脈を受授している。これを機に、円空は、円満院末寺の弥勒寺住職となった。蝦夷回国で「江州伊吹山、平等岩僧内円空」と初名乗りをした日から数えて、二十三年後、円空法印、五十八歳、晩年の秀作である桜の木から彫り出した十一面観音の背面には、喜びにみちた漢詩と和歌の二種の歌を伝える。法華会のことを別名、桜会ともいうが、その一つに、「草木国土悉皆成仏」の由を和歌に伝えている。

於志南辺天　春仁安宇身乃
　草木未天
誠仁成留　山桜賀南

伊吹山に根雪が暖み始める三月、春の祭事を祝う一山の法華集会が催され、客人として円空が招かれたのであろう。その時の経題が、草木成仏であったのか。草や樹木のような心を持たない非情なものでも、衆生と同じように仏性を持っており、仏となることができる。と説いて、自ら山に入り桜の木を切り、御衣木加持をして彫り出した十一面観音像に仏の魂を入れ、太平寺の観音堂に安置している。

この世に生を受けたものは、必ず最後には仏になる。万法は全て、真

平等岩（米原市）

如仏性の現れ以外なにものでもないのであるから、草木が示す四季折々の生住異滅の相がそのまま、発心、修行、証菩提、涅槃の四門である。円空が、山水草木、珍石に向かい悉皆成仏と観念し、樹下岩窟に籠り、夜空にさえ渡る月に心を澄ませた結果、大自然の中に繰り広げられる生命の全てが、万法の理を孕んでいる。と僧俗、貴賎、貧富、善悪人、全てが、差別なく四門往生をする実証を歌に伝える。円空は、この像を刻んだ日から七年後の七月十五日に入定となる。

第三節　入峰儀礼から見る平等岩

かつて、伊吹山は、一乗菩提山と呼ばれる弥勒の当来を待つ三会浄土であった。そこは、天空にもっとも近い聖地である。

円空が寄寓した太平寺や、平等岩などの修行場を持つ修行者が暮らす四護国寺集落がある準聖地から、更に、山岳抖擻を繰り返す修験者が最終目的地とする蓮上と称される山頂の聖地へと至る。天空に最も近い頂、弥勒三会を待つ蓮上に立つことになる。

そこは、修行によって智慧を完成させたものだけが蓮華の台に生まれ変わることができる蓮華化生の浄土である。円空が北海道回国時にみせた観音像が法界定印の上に浮かべていた蓮華の台と同じ蓮華座である。
円空と深い関わりを持つ平等岩は、最上界の蓮華化生の聖地の入り口と、修験者集落のある準聖地の境に突き出した岩盤である。そこは、仏に生まれ変わる一歩手の修行者が日夜、苦修練行する岩座である。太平寺集落の人たちの話によると、かつては、この岩盤のくびれに足をかけ、岩盤の出っ張りに抱きつきながら、南斜面を谷の方へ下り、又登って、ぐるりと一回りしたようである。

現在、円空が経験したような平等岩修行は、伊吹山には見られないが、奈良県吉野郡の吉野山の山中にある裏行場の行道岩※（平等岩）に、その原型をみることができる。

伊吹山の太平寺集落の人達が、平等岩の窪みに手をかけ谷に向かって南下し、又、斜面を上る、と平等岩巡りを説明するが、吉野山の四門行道にみる裏行場の行道岩巡りと、伊吹山の平等岩巡りは、谷に向かうという点に於いて、同種のものがある。

行道岩（平等岩）巡りには、辺路行道という面の他に、自己を谷行の大法をもって捨身して弔う修験道の葬送儀礼による擬死再生が含まれているように思われる。

行道岩
　修験道の行場の名称。大峰の場合、山上ケ岳付近にある西の覗きの反対側にある裏行場の中の一つ。平等岩とも呼ばれる裏行場最大の修行が、行道岩回りである。『吉野郡山記』によれば、大きな柱状の岩で、三、四歩で巡り終えることができるが、深い谷に面し、滑りやすく案内人にたすきを引きとってもらわなければならない。修験道の捨身行の一つ。

かつて、伊吹山の太平寺集落で暮らした人々は、円空同様、行道岩とは言わず「平等岩」と呼び伝えている。その思想の源泉は、円空が造像した十一面観音の背面にある法華経の教説があるのであろう。

吉野修験にみる、吉野川で潔斎をして銅の鳥居から四門を潜る新客の入峰修行道にある行道岩が内包する平等観について、『峰中修行記』は、次のように記す。

「………平等岩。住自他平等心、縦令莅死、不生厭離化他心是也。於比處望下阿伽瀧険壁一里。捨身修行無過之。」

他者の苦しみを自分の身に置き変えて、救済に向かう自他平等観に基づく修験者の救済道を主張する。険難な平等岩から、一里（四キロメートル）下方の阿古の滝を莅《のぞ》きながら、平等岩の岩壁に足を踏ん張りつつ巡るその行為が、他者（衆生）の苦しみを除くためには、自らの身を犠牲にしても厭わない代受苦思想の具現化であったのだ。

円空が彫り出した造像には、漂流仏と伝えられたものや、ソリに乗って遊ぶ子供たちの遊び道具となり、顔の相が分からないほど擦り切れ変形したものがある。海難事故の死者供養をつとめた像や、子供たちの遊び道具となって厄災を払い、元気の源を運んだ像等、こうした自他平等観に基づく「みがわり」の捨身思想の現れと見るべきなのかもしれない。

第三章　円空の血脈

第一節　白山修験神道入門、仏師円空

蝦夷帰国後、俗別当、西神頭彦太夫神主のもとで顕した円空の造像は、背面を梵字で覆い一気に密教化の様相を帯びた。

寛文九年十月十六日、郡上市美並町下田の白山神社の御神体、白山本地仏三尊をもって証することができる。現在、岐阜県関市雁曽礼の白山社に棟札と共に蔵されているが、白山神の本地を種子や真言で説明した初めての三尊形式である。

阿弥陀如来、十一面観音、聖観音とも、長い裳懸座と線彫りの台座（一説には臼座とも称される）が連結した二重式の台座に結迦趺座をし、ややうつむき加減に瞑想にふける。神仏習合の面からいえば、本地仏がこの世に垂迹した、神本仏迹による反本垂迹様式である。

大汝大権現の本地仏である阿弥陀像は、如来を示す肉髻に頭部をつくり、納衣の襞が肩から緩やかに流れ、裳裾が長い台座を覆う。得に印象的なのは、悟りの内容やその働きを象徴する阿弥陀の密印が白布で覆い

隠されていることである。御前峰の白山妙理大権現の本地仏、十一面観音にも同じことが言える。頭頂部に、菩薩の十地十波羅密行が完成したことを表現する十体の化仏と、観音の象徴である化仏をその頂に浮かべ、穏やかな刻線の流れを刻む納衣の袖を、左右から胸元に合わせ持たせて、結迦趺座をしている。阿弥陀仏同様、密印は両袖に隠れて外からは見ることが出来ない。密教の修法者が、三密観の実践や加持祈祷をする際、法衣の袖の内に秘して印を結ぶ。その作法と類似した表現である。

それに対し、別山大権現の本地仏は、頭部に阿弥陀の標識をつけた聖観音で表わし、納衣の袖口から両手を出し、胸前に禅定印を結んで結迦趺座をする。仰向けた右掌に左掌を仰向けて重ね、左右の親指を立たせもたせて繋いだ禅定印である。宇宙の法界に座して大慈悲相を示す胎蔵界大日如来とは逆手の印相、智手で慧手を包む北海道様式の観音と同様、禅波羅密修行ただ中にある因位（悟りを求めて修行中）の菩薩相を示す。いずれも、微笑をためた顔相には、寛文初期の硬さがぬけ、長い裳懸座に垂らした裳の流れが美しい。

それにもまして、鮮やかなのは、背面を覆う種子や真言をあらわす梵字である。北海道の観音坐像の台座部分に示された六種の梵字の読みに

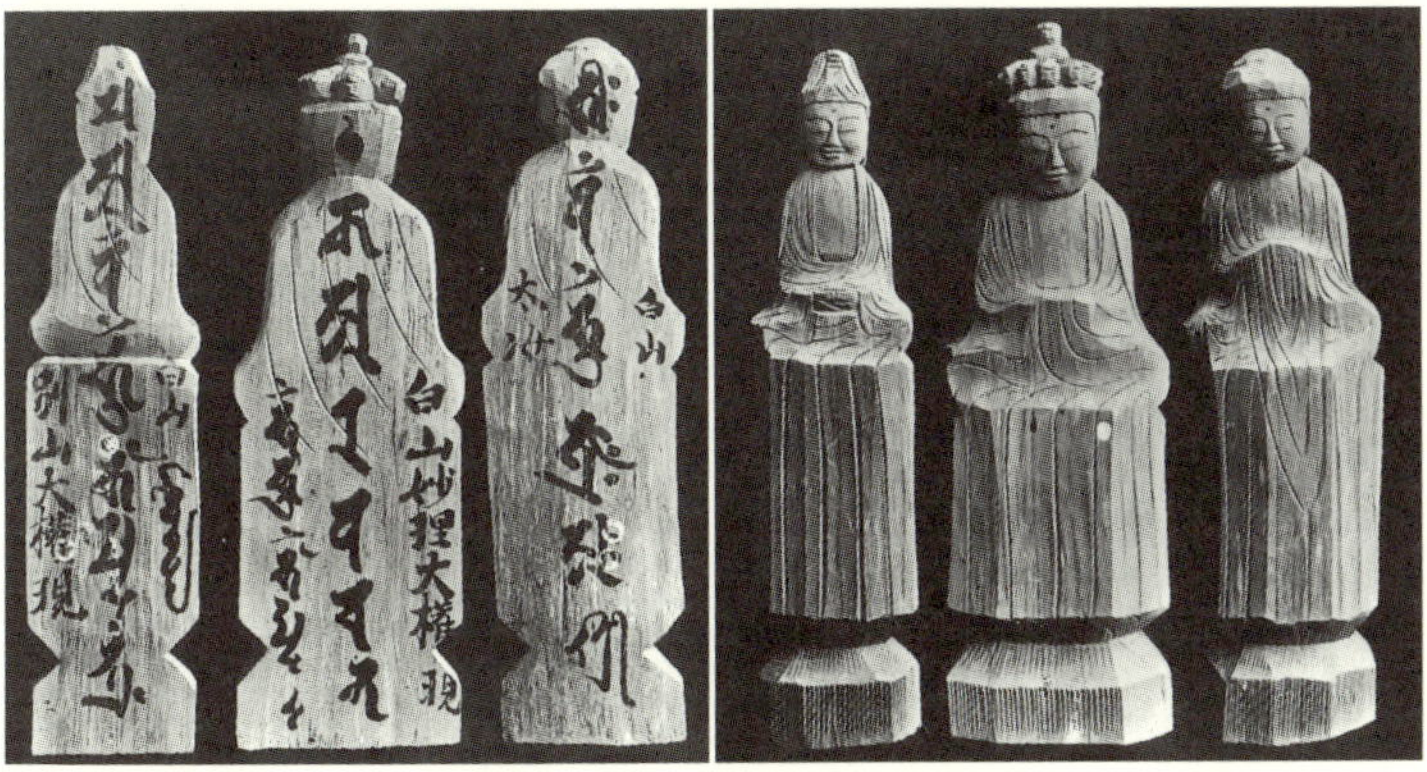

観音（右）、十一面（中）、阿弥陀の書面と背面（左）白山神社（関市雁曽礼）

くさに比べ、素人目にも分かりやすく、梵字の学習が進んだことを文字の鮮やかさにあらわしている。

金剛界五仏の種子（[梵字] [梵字] [梵字] [梵字] [梵字]）を墨書した大汝大権現は、後頭部に[梵字]を記すことで、阿弥陀の種子を代用し、智相を標識とする金剛界大日如来の分徳、西方智を完成させている仏である。

御前峰の白山妙理大権現は、十一面観音の種子[梵字]と胎蔵界大日の応身真言（[梵字] [梵字] [梵字]〈[梵字]〉[梵字] [梵字]〈[梵字]〉〈　〉は円空の用字））に加え、相手を威嚇する時に発する怖魔を表わす一字真言の[梵字]字の下に不動明王の種子[梵字]と合わせ八種の梵字が、梵文のはじまりを告げる[梵字]字の文初記号と、文を締めくくる意味の[梵字]字の二字で持って像中の八文字が綴られている。白山妙理大権現は、十地の菩薩行を完成させた後、理（慈悲）の面を標識とする胎蔵界大日如来の化身として垂迹したことを示す。

これら二尊に対し、菩薩の本誓を印相に示す別山大権現は、胸の前で金剛界を意味する智手を持って、胎蔵界を意味する恵手を包み、胎蔵界大日如来の三昧に住いしながら、理智不二真言（[梵字] [梵字] [梵字]）を背面に背負う。胎蔵界と金剛界の、二つの世界は不二の関係にあるという意味を持つ。人の心に宿る「自性清浄心」を表わす真言とも言われ、その境地が成仏であるとされる。その為、修験者たちは自らを「理智不二行者」と称し、自性清浄な境地を目指して修行するのである。「理智不二界会礼讃」が説く思想を典拠とする。

白山修験の場合、美濃の長滝寺にある聖僧が修験道の棟梁を勤める阿名院は、白山三所権現の内、大汝と御前峰の二峰に重きをおく修験道を継承する。

だが、中居神社を中核とする白山御師の社人集落を山麓に有する別山側は、御前峰と別山に重きを置く。美濃側の二峰の本地は、救済の内容を示す印相は秘されているが、別山側の別山大権現だけが禅定印を結び、救済内容を具体的に衆生に示す。こうした白山修験神道の救済内容の具体例は、円空が郡上美並側に勢力を張る西神彦太夫から踏襲したと思われるが、郡上美並側の白山修験も、別山側の社人集落の信仰形態に近似していたのであろう。梵字による白山修験の悟の内容や、禅定修行に精を出す別山大権現の禅定方法など、修法に関する儀礼を具体的に伝えている。

こうした機能を有する造像様式は、「造像イコール法」という側面が濃厚となる。一宿一飯のお礼に彫刻仏を配布して歩いた、と民間で囁かれる円空仏は、修験修行の階梯に基づく記録を、道標のように回国路に残している。とみても、行き過ぎではないだろう。

修験道の法の保持を伝える円空の法施の分野を担う、円空仏、最大の特徴を示す造像を開示した寛文九年以後、円空の造像には大日如来の徳を内蔵するようになり、異質な二つの世界が不二の関係にあるという、修験道思想の基礎となる理智不二真言を、金剛界五仏種子と共に、書き加えていくのであった。

それと同時に不二思想の附着は、造像だけに留まらず、円空の修行路に於いても、二つの異なる相体が二本の紐のように絡み合いあいながら、紐帯となって浮上してくるのが、寛文後期から延宝期の特徴である。

それを証するものとして、西神頭彦太夫神主が書いた「仏師円空」という円空の名乗りを伝える白山神社の棟札と、法隆寺で円空が取得した唯識法相宗の血脈があげられる。

第二節　円空の相体と二面性

白山修験の秘密を造像に表現するようになった円空について、祭祀側の社人、西神頭彦太夫は、棟札の裏面に『摩訶止観』の一文を持って書きあらわしている。

「和光同塵結縁始八相成道論其終〻名為仁〻為應其見聞者無不益佛師圓空是作　西小藤敬白　濃刕郡上下田村」（関市雁曽礼、白山神社蔵）

白山三所大権現が郡上郡の下田村に垂迹したのは、降兜卒天、託胎、誕生、出家、降魔、成道、転法輪、入涅槃、という釈尊が示された八相成道の悟りの道を衆生と共に修行し、釈尊が悟られた覚智と等しい智慧を衆生と共に体得するためである。と説明し、白山神社を守る氏子側に対しては、「見聞者無不益」と、白山三所権現が示す功徳は多大である。と結んでいる。円空が、未達相の禅定印を結ぶ観音像を彫り出す理由と救済観を代弁するような要を得た名文である。

だが、「見聞者無不益」と言わしめるほどの、宗教的エネルギーを発動させる密教色豊かな造像を編みだした円空について、「仏師円空」、と俗体の修験名が記録されている。寛文初期、寶樹庵の俗別当、西神頭彦太夫神主の元に寄寓し、天照皇太神像を造像していた頃は、「円空」と出家名で呼び表されていた。自らも、伊吹修験の平等岩僧伽集団で修行を完成させた比丘山伏だと名乗りをしていた。その頃と比較して、白山修験神道の奥義を本地仏像に伝えるようになった円空の相体は、大きな変動をきたしているのであった。

行者の行為そのものが、法の具現化であるといわれる修験道界にあって、白山三所権現に纏わる修験の奥義を伝えることは、白山修験を神道化した習合神道を立てる西神頭彦太夫が率いる修験集団の中で、何らかの師資関係が結ばれた結果、与えられた修験名と解釈するのが普通である。それから、三年後、円空は法隆寺の巡尭とも師資関係を持つ。仏師円空という在俗の修験名の一方、得度僧として受戒をなし、在俗修験と菩薩僧の二重の菩薩名を持つ不可解界さと共に、伊吹修験、平等岩僧の名乗りが、円空の修験路から消えていくのであった。

このような在俗※（優婆塞形）と聖僧の二方を一度に取得する在り方は、羽黒修験に類例をみることができる。彼等は、聖僧としての得度をすると同時に、修験の緒をとる太業名が授けられ、「修験兼帯の僧」となり山伏の堂番の義務を負いながら聖僧修行を積んでいくのである。

聖僧修行としては、得度後、天台僧として四度加行などの修行をした

優婆塞
在俗・有髪の男性仏道修行者。有髪のまま入峰修行をする者を優婆塞行者という

後、比叡山に登り円頓菩薩戒を受け、法華講の堅義を遂行し戒壇伝法をして大阿闍梨、権大僧都、法印となる。

一方、憂婆塞形の在家出家の衆徒は、五戒に基づく在家得度をして沙弥となり、法華懺法、例時作法を学んだ後、四度加行に入る。

これも、宗派の移動がみられない場合のことであって、江戸期の修験道は、どの霊山でも言えることだが、檀家制度の元で宗教政策を推し進める徳川政権下で、修験寺院は宗派の移動が激しく、聖僧の修行形態が大きく変形をきたしている。それに引き換え、在俗の衆徒には変化が少ない為、修験入衆の儀礼を得て法華懺法、例時作法などを学習した後、四度加行をし、本山に登って入壇灌頂、伝法の受授へと進み、修験者としての権大僧都、別当職などについた。羽黒山の松聖も、そうした過程を経た後、越冬修行をする冬峰の松聖に着いている。

円空の場合は、「伊吹山平等岩僧内円空」と名乗りをした寛文六年頃は、交衆入りした若衆くらいの比丘（声聞）山伏の相体を示していた。それから三年後、密教に基づく修験道思想の重要な基礎となる金剛界五仏種子と、理智不二真言を造像に記録する寛文九年になると、神仏習合神道をもっぱらとする俗別当、西神頭彦太夫神主に着き従う仏師円空と名乗る。

その上で、密教の初門ともいわれる唯識法相の門戸を叩く。なぜ、こうした二重の手間を重ねたのであろう。

それを考える上で、西神頭家に伝わる『十一面観音式礼賛文』の、三密の鏡を掲げ、意識の塵垢を取り除く為、十一面観音神呪を百万遍も誦するという文面が、円空の不可解な行動を説明するヒントを運んでくれる。

白山習合神道が奉じる御前峰の妙理大権現信仰の深淵には、聖なるものと加持感能をする真言密教の三密観が秘伝として伝わっていたのであった。修験神道を伝えると当時、真言密教の併合を秘伝としていたのである。密教観法、三密観の観行により、本尊十一面観音と入我我入、無二一体となり自性清浄心を持った修験者に生まれ変わり、その功徳を民衆に回向しようとする白山妙理大権現を主尊とする白山修験の救済観である。阿弥陀浄土を観想する禅定行を旨とする伊吹山平等岩僧から、更に一歩すすんで、白山妙理大権現の霊意を、修験者円空の胎内に宿す三密観法への転身がこの期に行われたのであった。

その為、白山修験神道に修験の緒だけを残し、密教の初門とも言える唯識観法へ転身をはかる為、法相の門戸を叩いたのであった。俗別当、西神頭彦太夫神主が伝える習合神道は、在俗修験の憂婆塞形を表にたて、密教を秘伝として伝える修験道流の真言密教を相承していることが窺える。

北海道帰国後、いきなり仏師円空という修験名が表出し、相体に大きな変動を感じるが、修験道の密教学習を開始するにあたり、羽黒の松聖と同様、白山修験神道に修験の緒を残し、そこから密乗の修行階梯を登るため取得した修験名と解するのが妥当であろう。

☽十面引手に君か結ふらん
　あさノおなれは解きて行らん
☽幾度も引手結ぶ麻のおの
　露の身成はくちて行くらん
☽幾度も千種結ふ麻の麻は
　露の身なれて解行らん

（『円空歌集』高賀神社蔵）

護法神　荒子観音寺

イクタヒモタエテモタルル
三會テラ
護法神　九十六ヲク
スエノヨマモ
圓空（花押）

円空は、修験兼帯の僧という、聖俗二方を一身に表わし、「俗に染まっても俗に堕せず」という修験人生は、伊吹山平等岩の僧伽を出た日から、回国と他門を渡る日々であった。引手とは、衆生に差しのべられた仏手という意味と思うが、同行の引手にすがりながら修行路を登る儚い歌を残している。

泰澄法孫といえども、西神頭彦太夫が率いる優婆塞集団では、修験道の聖僧の要である秘密修法を円空に伝えることが叶わなかったのであろう。円空は、憂婆塞の修験名を西神頭彦太夫から相承しながら、他門を尋ねる道を選択している。

世間の塵に染汚されながら、唱道回国を続ける憂婆塞兼帯の僧たちの最大の落とし穴は、師のもとを離れ、俗世に浸かる時に生じる心の緩みである。その為、彼等は、安易にならないよう心に誓いを立てる。当山派の理智不二行者が誓う弥勒三会の暁の誓いも、その一つである。

円空は、生涯に十二万体もの作像を誓願したと云われているが、円空の十二万体の造像制作の誓いも、修験兼帯の僧の往路に敷かれた誓いの一つではなかったのか、と思われる。寸暇を惜しむ膨大な数の仏像制作は、衆生を慈しみ導く為の利生方便であると同時、旅の徒然に、ふっと、魔が差したように自己の内に生じる心の隙間を埋めるには、十分すぎる数である。俗に混じって俗に堕さずとする、菩薩僧の聖性を護る憂婆塞修行は至難の業である。十二万体の造像の誓願で、自己を縛る自利、利他、二方の作善に他ならない。

円空に留まらず、北海道でも善光寺派の辺境伝道の開拓聖たちが、多くの仏像を造像して残していた。彼等の善行は、衆生を救済する菩薩行の手段とする世俗的な善行であると同時に、窟にさしこめる月明かりの中に顕れる仏の姿に眼を凝らし、旅の空でいつ破戒するとも分からない壊れものの生身を、仏手にすがって結び合わせていたのではないだろうか。

聖と俗、全く異質な二つの世界を一身に具現化して行道する修験兼帯の僧たちは、役行者の形を継いだもので、俗であっても法は真を顕す在家菩薩だ、と称し、在俗の憂婆塞形を提唱する。その修験集団が、世間の塵に染まって歩く弟子山伏を、俗に交わって破戒しないように、用意周到な策を労して保護している様子が垣間見え、修験集団に横たわる師弟関係の深い思いが「仏師円空」の修験名に忍ばれる。

このあたりの修験道の事相に着いて、『修験衣的忠集』は、「先ず、声聞、縁覚の修行を積んだ後、六波羅密多の行をし、「二部の潅頂を遂げ、修験相承の理智不二恵印の成身会成身の秘密を伝へ、身の精進を円満す。是、真の修験と云うべし」と記す。

修験道は、声聞、縁覚の二乗の修行を始まりに、大乗菩薩の前行に当たる六波羅密行を円満した後、成身会成身、即ち、金剛界大日大曼荼羅の九会中にある、成身会の仏尊を通じ金剛界法の勉学を修験道の密教と心得て学習するようにと結んでいる。

『修験衣的忠集』の義軌に従えば、伊吹修験の平等岩で、山岳修行を積み、下化衆生に目覚めた北海道回国後、白山修験神道が秘密相伝する法門を緒に法隆寺へ進む修行路は、円空の修行過程が、儀軌に忠実に沿って進んでいることを示す。

第三節　円空の血脈と法隆寺

何ごとにおいても、新しいものに向かって事を興すには勇気がいる。円空は、法隆寺出発を控えて詠んだのであろうか。無官の修験の心細さを募らせる歌を残している。

☽いかるがの音に聞くたにほいなきに

我が家ならぬ飯にうへつつ

（『円空歌集』高賀神社蔵）

円空が修行を開始した寛文九年（一六六九）頃の法隆寺では、往古から伝承して来た学侶と修験者が居拠する堂衆たちの、守るべき掟が『法式条々』にまとめられ法令化した時期であった。

それによると、全ての面で学侶が主導権を掌握し、円空のような修験者で構成されている堂衆は、学侶の支配下にあることが明記されたのであった。この厳しい身分制度は、子院に配当される石高にも影響し、学侶坊十石に対し、堂衆坊は半分以下であった。それも一律の配分ではなく、二石少々の石高で運営している堂衆坊もあった。他門の修行者を受け入れるには、経済的に逼迫していたのである。

この時、円空三十八、九歳である。空腹はなんともしがたいものがあったのか、誰に聞いたのか、他門で学ぶ下級修行者の悲哀を言の葉に乗せてくる伝聞を気にしながら、法隆寺へ入寺している。

そんな歌を残した円空ではあるが、法隆寺に到着すると、着実に堂衆房に歩を進め、寛文十一年七月十五日には「法相中宗血脈仏子」の血脈を巡堯から相承し、西神頭彦太夫のもとへきちんと帰還しているのであった。

法隆寺で、円空が学んだ証となるものに、法隆寺の塔頭の一つ、東大門近くにある宗源寺（元禄十二年、金光院跡地に造立）の本堂祭壇隅から発見された円空造像の金剛界大日如来像がある。

総高七十九センチの檜材による一木から彫り出された円空の大日如来は、頭部に五仏冠を頂き、胸前で左手蓮華拳の頭指を伸ばし、右手金剛拳でこれを深く握る智拳印を結び、岩座と蓮華座が連結した神仏習合の二重式台座に座す。

円空は、生涯に二体の金剛界大日如来を造像しているが、その内の一体は、三重県津市白山町の観音堂に蔵されている極初期の金剛界大日如来像である。極初期の白山町のものに比べ、初期特有の裳懸け座の出っ張りは見られなくなっている。像の作りは全く同じであるが、天冠部分に大きな差異を見せる。

法隆寺の場合は、天冠の六枚の襞の内、五枚の山形状襞に、其々、金剛界五如来を一体ずつ湧出させる。宇宙に遍満した智慧の総体、金剛界大日如来が形成する金剛界曼荼羅の九会中にある五如来の集会、成身会のシステムの像形化である。

金剛界大日如来が証徳する五種の仏智を、天冠中の五如来が其々一つずつ、担当している様子を天冠の鬟の中に浮彫りし、立体的に顕しているのであった。極初期の、金剛界大日如来を一尊に表した金剛界総括の相とは異なり、五如来の立場にたって、造像化されたものである。

大日如来（𑖪𑖽）が法界体性智、
阿閦如来（𑖮𑖳𑖽）が大円鏡智、
宝生如来（𑖝𑖿𑖨𑖯𑖾）が平等性智、
阿弥陀如来（𑖮𑖿𑖨𑖱𑖾）が妙観察智、
不空成就如来（𑖀𑖾）が成所作智

このように、通称五仏冠と称される天冠中の五如来は、宇宙に遍満する大日如来が証徳している般若ともいう智慧を分掌する。この天冠の部分の五如来だけを取りだし、梵字化したのが、寛文九年、岐阜県郡上市美並の白山神社に円空が造像した、大汝大権現の背面にみられる五仏種子である。

白山神社の場合は、衆生済度の為、大日如来の西方智をもって、この世に姿を化現させた五如来の一つ阿弥陀如来であるが、法隆寺の五つの如来たちは、長い間、菩薩修行をした結果、成仏を成し遂げ、その仏身を、互いに味わい楽しみながら金剛界大日如来の世界で憩う姿である。やがて、時がくれば、白山神社の阿弥陀如来のように、衆生引摂の相を示現し衆生に働きかけてくる如来たちである。仏身論の面から言えば、衆生に作用する報身仏ということになる。法、報、二つの仏身を、一尊中にみせる機能を持たせた金剛界大日如来像である。法相中宗の血脈を受授した後、造像したものであろう。さわやかな笑みが、像全体の清涼観に繋がっている。

井いかるがのきくか引手の言の音の
　たへせぬ法の妙ならぬ世に
　　（『円空歌集』高賀神社）

円空が、法隆寺で滞在している時に詠んだものと思われる。仏手にすがって真言陀羅尼を百回、千回と繰り返しながら、三密行に励む、修行者の言音が、法隆寺に響きわたる光景を歌にしている。聖なる仏身に生まれ変わって、人々を救済したいと願う真言陀羅尼を呪誦する声である。

こうした思いを抱く修行者に仏手を差しのべ、仏智の世界に導く架け橋となる仏こそ、円空が天冠中に顕した五如来たちである。円空は、この五如来の思想を、寛文九年から「是廟在　即世尊」という、白山託宣を受ける延宝七年（一六七九）まで、像の背面に、梵字化した五如来を結びつけている。十年におよぶ長期間、金剛界大日如来の五智を像中に附着させる行為は、円空がいかに「智」を重要視していたかを示すものである。

こうした造像に浮上する五如来の思想は、密教だけの思想に留まらない。私たち凡夫の迷いの心の在り方が、密教の五如来が分掌する悟りの在り方に転換し得る。と考える唯識派の仏教徒が説く「転識得智」※の思想と結びつき、瑜伽行派の唯密思想として発展した歴史を持つ。円空が取得した法相中宗血脈は、この瑜伽行派に伝わる大乗律論に蔵される瑜伽師地論の戒本に基づく、弘道の門人が執る所の普行迂廻の菩薩戒を受戒した後、三密観を学んでいたのである。

「釈迦牟尼仏―弥勒―無着―世親―護法―戒賢―玄弉―恵沼―智周―

転識得智

識を転じて智を得ること。特に唯識派に於いて説かれるもので、八識を転じて四智を得るものである。即ち、阿頼耶識は大円鏡智、末那識は平等性智、意識は妙観察智、五識の眼・耳・鼻・舌・身は成所作智に転じるとされる。

智通―智鳳―義渕―行基―良辯―良敏―行達―宣教―定昭―玄廣―賢暻―修円―寿広―明福―延廣―空晴―真喜―真奥―高栄―巡堯―円空」と、巡堯から円空に伝わった血脈を、岐阜県関市池尻にある円空中興の寺、弥勒寺に残している。

円空が取得した血脈を伝える瑜伽師地論とは、釈迦牟尼仏から弥勒、無着と続くように、無着が禅定状態で兜卒天に昇り弥勒菩薩から直接教えを授かった、とされている瑜伽行派の根幹をなす経典である。釈迦牟尼仏は、私達が一般的に認識している釈迦ではなく、白山神社の棟札に釈迦八相成道論を西神頭彦太夫が示したように、菩薩釈迦が仏陀になる為、八相の修行をなし遂げた結果、成仏して仏陀となられた釈迦牟尼仏(釈迦如来)を瑜伽行唯識の思想の根幹に据える。そして、釈迦滅後の救済者となる一生補処の位にある弥勒菩薩を、修行者の本尊とし第一の祖師と仰ぎ、無着、世親を第二、第三の祖師とする。

血脈中に出てくる智周は、十一面観音法を日本に伝えたことで名をはせた玄昉の師にあたる、この玄昉が伝えた十一面観音法は、泰澄法孫として白山修験神道を護り伝える西神頭家が秘伝とする「白山本地十一面観音式禮拝文」に相当する。

円空が密教の初門として学び始めている法相唯識は、白山修験の棟梁、当山派の真言系の阿名院や、真言系の本寺を有する西神頭家が率いる白山修験神道と、法隆寺の唯識法相とは無縁ではないのである。むしろ、当山派の唯密修験と繋がりがある中で、円空は唯識の学習へ導かれているのであった。

法隆寺で巡堯から相承した円空の血脈は、瑜伽師地論の本地分、菩薩地に菩薩戒の深淵を持つ。五戒による修験得度者が、小乗先達から大乗先達に転身を図る前に設置された回心《えしん》の菩薩戒である。この回心の菩薩戒を基に、円空は延宝七年以後、梵網経に基づく密戒、「仏性常住金剛法戒」、天台法華衆の血脈、「円頓菩薩戒」の受戒へと、次々大乗仏教の菩薩戒を受戒し、修行の階梯を駆け上り、顕教、密教、双修する大先達として大乗仏教経典、法華経を衆生に説く法印山伏へと大成長を遂げていく。

「法相ハ大乗ノ初門ナルガ故ニ、委細ニ諸法ヲ建立ス……」(『修練秘要義』巻六目録)と説くように、修験者が大先達へ転身を図る為、方便として学ぶ法相唯識は、大乗仏教への移行する為の方便門として、その存在を示す。寛文十一年の法隆寺で受戒した法相中宗の血脈は、大乗の菩薩戒を受ける中間に設置された助走段階、権大乗菩薩の位に当たる。なぜ、こうした回心の段階を、修行階梯に設けなければならなかったのであろう。伊吹修験の平等岩僧の相体に窺いみるように、円空は交衆入りした若衆の比丘(声聞)山伏の出発であった。彼が標榜する修験道は、出家も在俗信徒も同じ五戒による得度授戒で始まる。このことが、専門職を目指す修験者と在俗衆徒との区別につながる「回心の場」の設定に繋がっているのではないだろうか。

その理由として、三帰依の後に始まる不殺生、不偸盗、不邪淫、不妄語、不飲酒をかかげる五戒が挙げられる。五戒は、戒による行為に関する外形的制約の面が強調されるが、心の働きを問わない。他者に心をはせ、自他平等の立場にたつ利他行に邁進する菩薩の階梯に進むには、自利行に専念する執を取り除き、自他平等の二利に基づく救済者の利他門を誓う戒が必要であった。その為、北海道回国のような、すさまじい救済力を見せる善光寺派の辺境開拓聖たちの行道路を歩ませ、他者救済の思索を深めさせ、次第に大乗の利他門へ移行する、回心の方便門が設けられているのではないかと考えられる。

円空が、本格的に方便の権門に伝わる三密観を伴う「金剛界法」の加行に入ったのは、金剛界五仏種子が造像の背面にみられるようになった寛文九年頃からと思われる。「密乗宿縁人……先入此金剛ノ観法　具足三密」（『峰中集行記』章疏一巻）と説くように、五如来を本尊として梵偈を讃嘆する運心供の座禅行の取得であったものと思われる。この期の造像が岐阜県郡上市美並町から美濃加茂市や関市洞戸周辺にかけて見られことから、法隆寺に止住して学んだのではなく、西神頭彦太夫のもとから法隆寺の巡堯のもとへ通いながら取得したのであろう。

現在、弥勒寺（関市池尻）に伝わる円空の血脈譜は、法隆寺の「法相中宗血脈佛（仏）子」を初め、園城寺（滋賀県大津市園城寺町）、円満院住職尊栄大僧正から受授した「佛性常住金剛寶戒相承血脈」、荒子観音寺の住職円盛法印から受授した「円頓菩薩戒」の三通が現存する。一般的に、他宗の僧侶間に通用している堅印信、横印信に見られるような折り目を持つ血脈譜とは異なる。

後年の園城寺や荒子観音寺における二通の大乗菩薩戒は、円空自身が書き写す面授口決様式のものである。それに対し、法隆寺のものは、巡堯が、「子多年求望之　追而鹿相之血脈書写之」として、自ら書き写し署名をして円空に与えた血脈譜を、更に円空が書き写したものである。

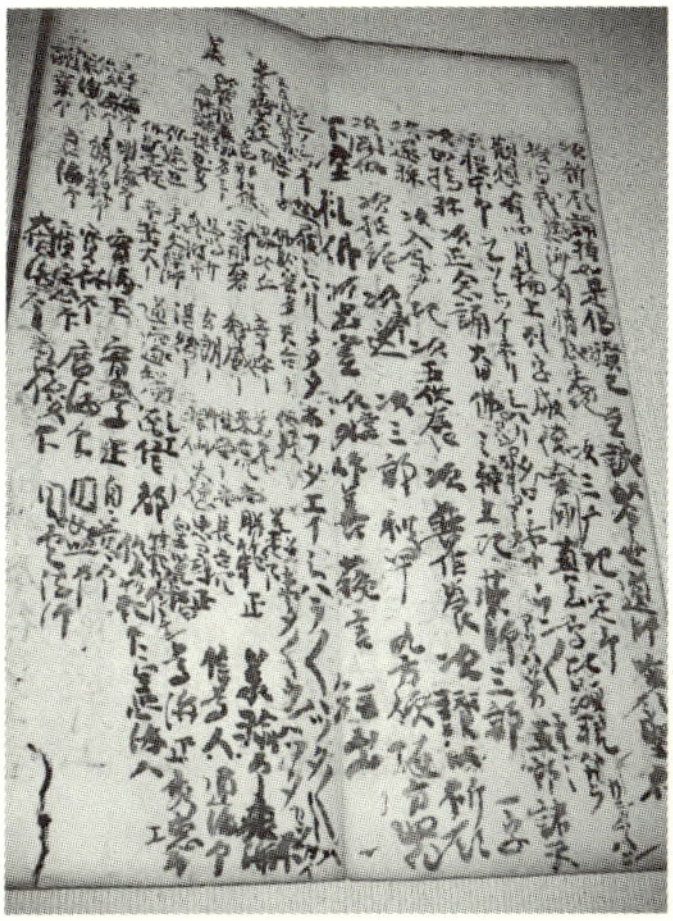
天台宗円頓菩薩戒師資相承血脈譜

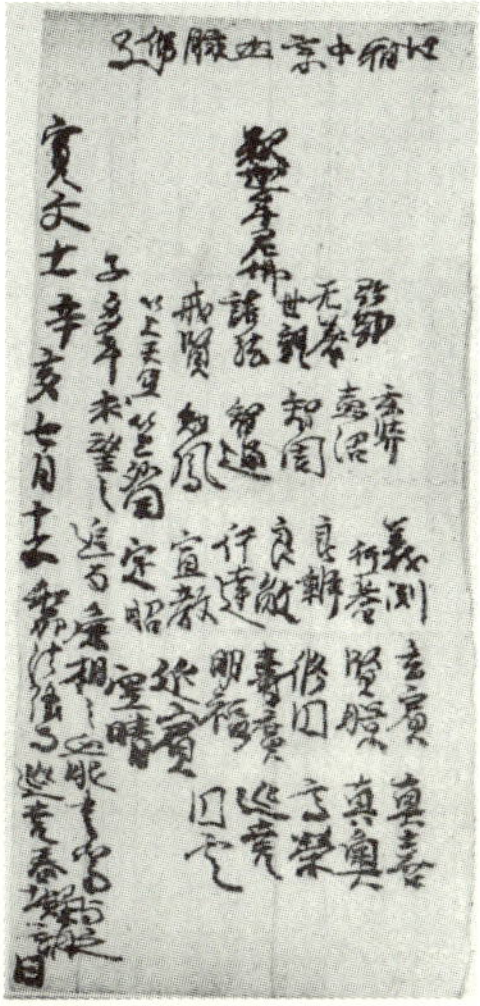
法相中宗血脈佛子

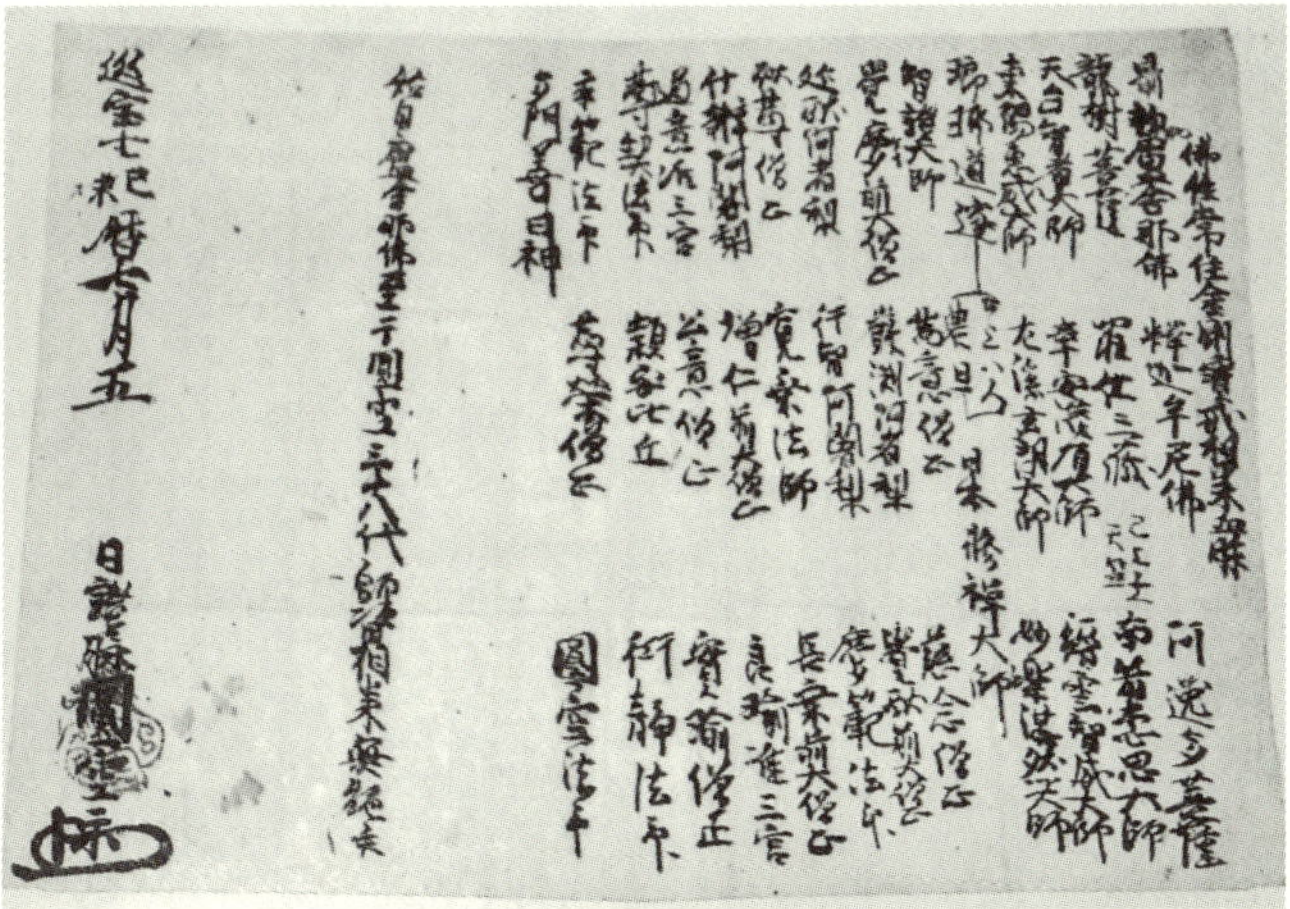
佛性常住金剛寶戒相承血脈

修験道の場合、法門秘訣を弟子に誤解なく伝え、体得させ護持させる最良の方法として、口ずから奥義、秘伝を伝授し、弟子はそれを正しく筆録する面授口訣を旨とする。園城寺の尊栄大僧正や、荒子観音寺の円盛法印から受授した円空の菩薩戒血脈譜は、口訣の跡を伝えている。

だが、法隆寺の場合は、円空の方から師巡堯に筆録を懇願している。それに対し、巡堯は、「あなたが望むので、書き写してあげます」といって、巡堯みずから釈迦牟尼仏から弥勒、無着、世親と続く系譜を書き写し、円空が相承した唯密の正統性を示している。巡堯が師から師資相承した時、こうした口訣様式であったのか、釈迦牟尼仏、弥勒、無着、世親から始まる瑜伽行派の血脈は、巡堯、円空と伝わり、横書きで五段に分けて書き連ねてある。以後、円空はこの横書き様式を踏襲する。

添え書きの多年とは、唯識でいう「夢に処して多年」(『観心學夢鈔』下)が、慣用語として用いられたものと思われるが、凡夫の迷妄を破る「智慧」と「禅定」を主とする金剛界法の伝授が寛文十一年七月十五日、修了した。

第四章　円空と大峰修行

第一節　大峰修行へ向かう準備

法隆寺で血脈相承後も、円空の造像の背面は全て金剛界五仏の種字で覆われる。それだけ、五智の獲得に心血を注いでいたわけである。

五智は、即身成仏を目指す真言行者が、必ず修めなければならない「戒、定、慧」の三学の内、「慧」に当たる。修験道においても他宗と同じように三学を重視し、金剛界法と称して修験流の三密行を実施したのであった。

「二つの間に確執ある間は仏に在らず。確執なきとき、始めて仏となる」（『修練秘要義』巻三目録』）と説くように、仏の三密と、行者の三業を感応同交させる三密修行の結果、修験者の仏性と金剛界大日如来が融合一体化し、二者間に隔たりのない境地を獲得した時、即身即仏、凡聖不二、あるいは、円空仏の背面に散見する理智不二という言葉で表わす世界が開けるとし、その迷悟一致した状態を成仏と称したのであった。

「大乗先達は十界一如、大日如来と同体の智慧を備える。小乗先達は愚才とする」というように、迷いから悟りに至る十界の頂上に立つ大日如来と迷悟一致した状態にあるか否かによって、仏智を得ていない者、いる者と区別し、未達先達、已達先達と識別し修験者の験力に秀劣の隔たりを見ている。

そして、修行の階梯が上位になると、戒律はより高度なものが要求され、大乗菩薩戒が求められ、より過酷な修行法が実践された。円空の場合、大峰山の普賢岳に開く笙の岩屋の百日雪山苦行や、日光で行った百二十日にも及ぶ籠山は、「佛性常住金剛寶戒」という梵網経に基づく大乗菩薩戒を受持した後、行じられている。

こうした金剛界法による大日如来と合一する思想は、行為そのものも法の具現化と考える修験道では、入峰修行の場面に窟籠りと斗藪を繰り返す、静、動、併用の形で導入されている。「出家の修験ハ出家ノ戒アリ。在家トハ別也」（『修験指南要辯』）として、自利行に専念する在家修験を高く掲げながらも、菩薩戒を伴う得度者として、利他の誓いをたてた上で、密宗の法を習い大峰に初入峰をするようにと義務づけているのであった。

修験は、験力が命、と称しても、体力にもの言わせて無秩序に山岳抖藪や籠山修行を繰り広げればよいというものではなかった。救済者としての規律と尊厳を持たせた上で、苦行性を伴う大峰斗藪を認めている。なぜならば、大峰山そのものがこの世に出現した密厳浄土であり、釈迦如来が仏法を説いている一乗菩提山と考えられている。修験者たちは現身のまま、この世の密厳浄土に入り、仏菩薩が集う曼荼羅会の諸尊と一体化した理智不二の世界を観じ、即身成仏をなしとげた修験者になることを修行目的としていたからである。

彼等は、六根に伴って生じる煩悩を消除し、そこから開く真実の世界を求めて、岩壁をよじ登り峰から峰を渡り窟に籠り、何百、何千回と陀羅尼を呪誦し、大峰山中に祀られている諸尊と感応同交を試みるのであった。人を無力にする体力の消耗と、孤独に耐える精神の摩滅を伴う苦行である。それを乗り越えるには、体力だけでは自己統制は図れない。

戒律を守り教法を習うことは、仏者として悟りを求める心を起こし、願望達成の実践である所のアニミズム的苦行を伴う修験行に対する理解力となる。特に江戸期の修験は、往古の行者のように行だけでは悟れないとして、他宗の教法の修得を奨励した。

円空が、法隆寺で唯識に焦点を当てた三密観法を学んだのも、大峰修行をする上には、満さなければならない合法的な面も持ち合わせていたのである。

入峰条件を満たした円空は、寛文十二年（一六七二）、五月下旬、美濃の長滝寺の塔頭、白山修験の棟梁、阿名院で、六根具足の祈願所となる十一面観音を造像し、六月に半在（郡上市美並町）の東神頭家（西神頭家の分家）で、牛頭天王を反本垂迹形の菩薩形で造像し、大峰修行へ向かっている。

それの後、延宝四年（一六七六）立春、熱田宮の奥の院龍泉寺（名古屋市守山区）に帰還し、馬頭観音合掌像と、天照皇太神、熱田大明神の神仏混淆の三尊形を奉納し、荒子観音寺（名古屋市中川区）の円盛法印のもとへ到着する。延宝四年十二月二十五日をもって終わる大峰修行である。

この時、円盛法印が円空に「両頭愛染法」を伝授した記述が、荒子観音寺に伝わる『浄海雑記・三』に記録されている。大峰から帰還したばかりの円空に、口伝で秘密裏に伝える両頭愛染法の修法を伝えても良い、という思いを円盛法印に起こさせた事実は、それにみあうだけの成果を円空の中に認めている証である。一つの修行過程を修了し、成果が認め

堂谷窟（吉野郡天川村）

られると、それにみあう秘密修法が新たに伝授されるという形で、大峰修行が終わりを告げている。

第二節　律宗比丘円空と法隆寺堂衆

熱田宮の奥の院、龍泉寺に帰還した円空は、馬頭観音像の背面に「日本修行乞食沙門」と記している。当時の修験道界には、自己の修行内容や証得した悟りの内容を用いて名乗りをする習いがあったとみえ、徳号を用いて自らを表現している。

「乞食沙門」とは、一鉢の食を貴賎の区別なく衆生に乞い、諸天禽類に法施をする神供を伴う乞食行に専念する乞士を言う。思想的には、飽食を戒め己に足りることを悟る小欲知足の頭陀行の一種で、当山派は「乞食」と言い、天台系は「托鉢」と称す。

この語により、円空の大峰に向かう修行路は、当山修験流の修行を実践していたことが分かる。その様式は、大峰山岳斗藪のみに留まらず、栃尾の堂谷窟のような人里離れた場所に籠居し、心の沈潜過程に意識を凝らす禅定を修す。その一方では、人里に出て貧富、貴賎などの差別選択する事なく、順番に食を乞うて諸天諸鬼に散華の法施をし、人々に乞われれば、大般若経の修復、唱導などをし、民衆の間を行道して歩いたのであった。

こうした聖地と在地を交互に往復し、乞食頭陀を行じる円空の僧階について、志摩市阿古町の立神の少林寺に伝わる大般若経修復の添付文書には、「濃州律宗円空比丘為基古本．為巻経軸依破損……」と記す。

修験道でいう律宗とは、伊吹修験の一山組織にみたように、金堂などの荘厳や供華、堂内の清掃などを聖役とする修験者たちが、学侶の集会と同様、自律的集団組織、堂衆を構成し山岳修行をしていた。興福寺の影響下にあった畿内の山岳寺院に依拠していた堂衆が、創設した当山派三十六正大先達の形成母体となった集団である。

その中にあって、円空のように受戒儀式を得た堂衆を律宗と称し、寺内の僧侶の階層として確立させていたのである。鎌倉期に叡尊の自誓受戒で再興した、遁世僧を担い手とする律宗とは異なり、南都に伝わる古義律宗である。平安中期頃から衰微したが、受戒の儀式を興福寺金堂衆が継承したものである。（『修験道当山派と興福寺系堂衆』徳永誓子）。比叡山の最澄が、小乗菩薩戒として退け、梵網戒による大乗菩薩戒を設立する原因となった、小乗戒を含む摂善、摂衆生の権大乗菩薩戒である。

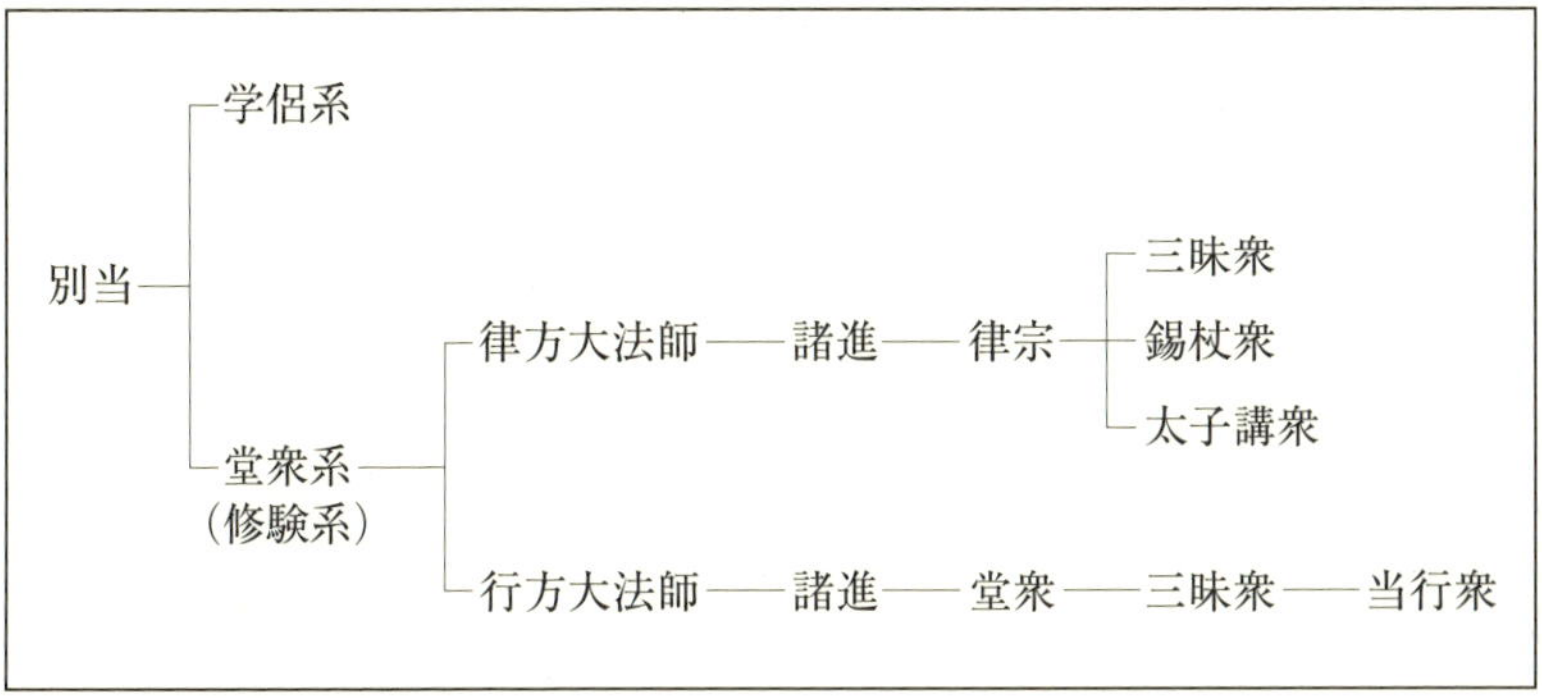

（法隆寺僧の構造図）

円空を初めとする法隆寺の堂衆が、律宗を目指すには理由があった。大峰入峰の準備として修験の密教教義の学習という側面の他に、寺内の学侶に対する派閥事情が働いていたのである。成仏を目指す道は学侶も堂衆も同じはずであるが、在家出家を出自とする行人層からなる修験者の集団堂衆は、法会の荘厳や掃除などで堂内、堂外の法会に出仕する役目を担ってはいたが、学衆が執り行う法会中で、直接儀礼を執り行うことはできなかったのである。

従って、堂衆は、法会や最勝講などに参加する資格を得る為、得度僧の受戒儀式を経て、堂衆内に学衆依りの律宗の集会を作り、学衆が導師となる法会に参加していたのであった。学衆よりの律宗ではあるが、寺内の修験行として「春日山の当行」と、社会共通の修験行である「大峰入峰」の、寺内、寺外の二重構造からなる山岳修行への責務が重んじられていた。

こうした学侶と堂衆からなる僧伽の構図は、興福寺の影響を受ける法隆寺内にも制度化され、学侶に対抗する堂衆は、修験行を重視する行方と律宗方の二種が存在した。円空が属する律宗は、上宮王院を管理する三昧衆と錫杖衆、金光院太子堂（律学院）を管理する太子講衆の三種があった。

　円空の場合は、国峰である伊吹山修験の平等岩僧として、弥勒三会の暁を待つ山頂へ禅定修行を繰り返す比丘山伏の修験行を完成させていた。その後、東北、北海道で、浄土宗の善光寺僧による辺境伝導の回国路を歩く「辺路行道」の試練を経て、法相宗が伝える瑜伽行派の回心の菩薩戒を受戒し律宗比丘となり、乞食行道をしながら、修験行の一環として大峰初入峰にむかっている。

　円空の大峰初入峰に、法隆寺の堂衆が関わっていたことを示す記述が、現在、奈良県大和郡矢田丘陵の南端、松尾山中腹にある松尾寺に蔵されている円空造像による役行者像の背銘にみることができる。

　松尾寺は、かつて法隆寺別院で、中世には興福寺一乗院末であった。法隆寺と共に当山派三十六正大先達として栄えていた。円空が法隆寺で受戒した寛文末から延宝期の初頭には、法隆寺は先達職の株を放棄していたが、松尾寺はその後も、当山派十二ケ寺先達の中心的存在として定着し幕末を迎えている。

　その松尾寺に蔵されている修験道の開祖、役行者の像容は、役行者画像にみられるものと同様で、長髪の髻の部分をうず高く巻き上げた形の

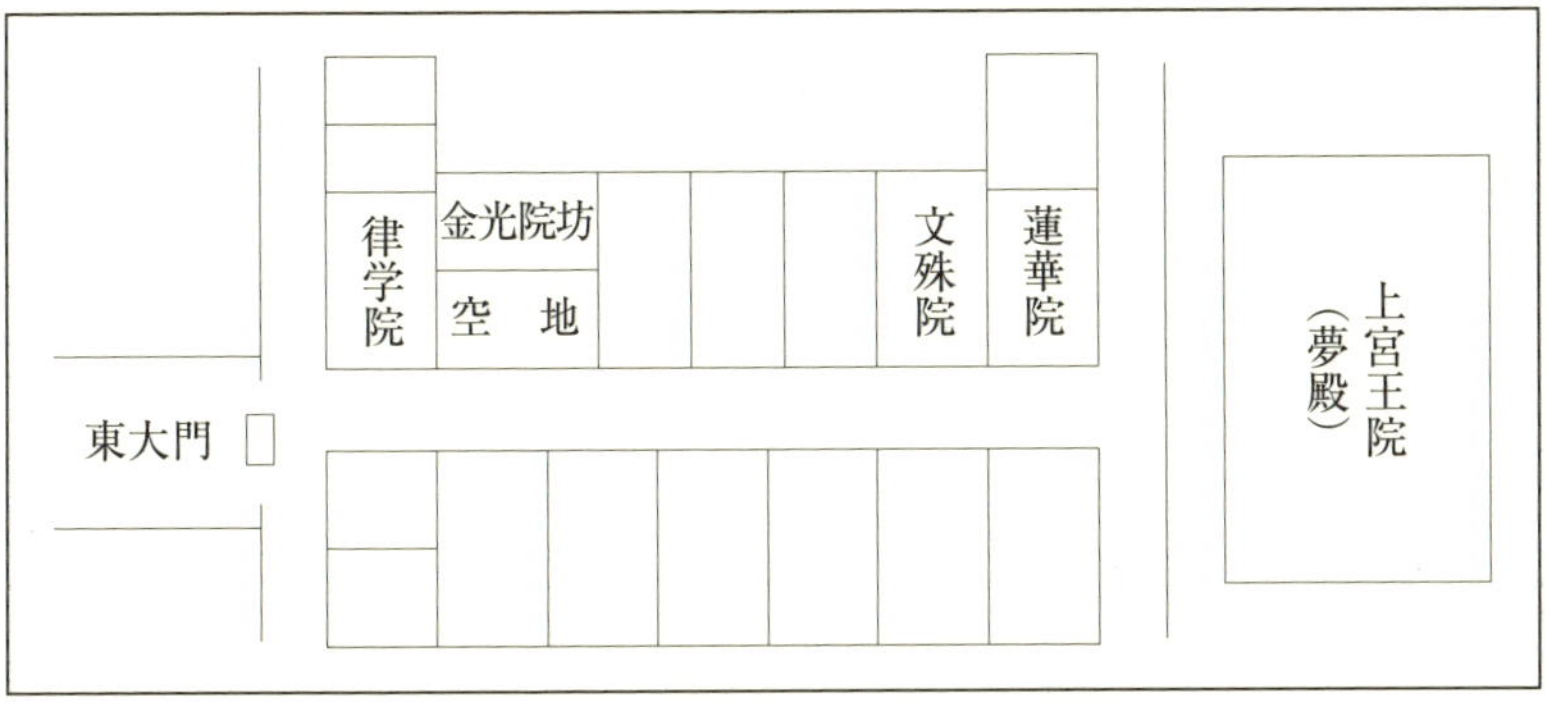

（寛文９年頃から 11 年頃　法隆寺子宮状況）（筆者推定）

長頭巾をかむり、左手に経巻ではなく独鈷を持って断惑證理の智剣を強調している所が特徴的で、像の背銘には、次のように墨書があらわされている。

法隆寺文珠院秀恵
延寶三乙卯七月於大峰圓空造之
□□山寺法印二之宿
□□□□江獨作□之

この背銘により、役行者像は円空が大峰（修行）をした時、造像したものであり、円空の大峰修行に法隆寺の文殊院秀恵が関与していることが窺える。

文殊院は、東大寺大門近くにある念仏三昧僧跡地に造立する律学院を起点に、多くの堂衆坊が軒を連ね、法隆寺の籠り堂と言われる上宮王院（夢殿）に向かって伸びている子院の一つである。堂衆坊の文殊院の他に、律宗円空としては、律を専らとする堂司役の堂衆が出入りする律学院や上宮王院、更には、常念仏を行なう金光院坊などへ、足を運んでいたものと思われる。

法隆寺の堂衆参加の法会（一三四〇）の活動記録によると、学衆の最勝十講や大般若経転読などの法会の執行に際し、堂衆は仁王講百座の千遍陀羅尼か六時懺法に参加していた。その中にあって、律宗は「錫杖衆」と呼ばれ、法会の中で願文を読む導師（学侶）に続いて祭文や、施主の望みに応じ法語を唱え、施主の福利祈願をする呪願を読む、呪願師の役割を担っている。

堂衆内の僧階である律宗は、学侶に連なるといっても、学衆の指示に従って行動することが多く、主体性はほとんど認められなかった。修験を重んじる堂衆の中にあっては、行方に比べるとやや下位に位置づけられ、法会を荘厳する為の花取や堂内の掃除、それに法会に参加した学衆に湯茶の給仕などの役割を背負わされる中間法師であった。堂衆、学衆、いずれからも監督支配を受けたのである。

円空に戒を授け、口訣写書の仕方を、おもんばかった巡堯がいかなる階層の堂衆で、どの子院に止住していたかは定かでないが、『印厳公文間日記写』の条に、「戒師律学衆一﨟……」と戒師の僧階を伝えているので、巡堯は、律宗の最高位、一﨟から二﨟くらいの堂衆であったといえる。そして、大峰初入峰の円空に同行を務めた文珠院の秀恵は、行人方の巡尭に劣らぬ階層の堂衆であったと思われる。

これらを総括すると、彼等を通じて円空に伝わった修験行は、興福寺の東西金堂衆を起源とする真言化した唯密（法相）修験であったことは明らかである。その事は、法隆寺が当山派三十六正大先達を放棄した後も、寺内の修験行として唯密修験を温存していた証でもある。円空は、法隆寺の堂衆が伝える唯密修験の儀礼に沿って、戒師巡尭より顕密融合した立場から唯識を説く法相流の三密観を学び、修験行の実践現場には、初峰の導き手として文珠院秀恵が伴う用意周到な準備がなされていたのであった。

第三節　円空和歌が伝える大峰修行

興福寺系の唯密修験は、供花衆、当行衆と称して、法相の守護神である春日神の霊地、春日山を行場として山上の諸堂に供花や閼伽水を供え、法華、観音、仁王般若などの諸経を読誦する一夏九旬の夏中や冬中の供花当行を行っていた。興福寺堂衆を中心に近郷の修験者が次第に集団化するにつれ、社会共通の大峰修行を実践するようになった。法隆寺や松尾寺が行っていた大峰修行は、室町時代に記された『大峰当山本寺興福寺東西金堂先達記録』の中に修行形態を探すことができる。

この記録によれば、大峰修行は吉野、熊野、金剛山に至る逆峰修行で、六月二十九日、峰中先達や同行引手等と共に吉野に入り、晦日に山上ケ岳、七月朔日に小篠着。九月十三日或いは十九日の帰寺。若し六月大二十一日二十二日出門となると九月五日帰寺の総数七十五日の逆峰を行っている。

それに加え、四月二十七日から五月十八日帰寺の華供峰と、合わせ二種の入峰修行を行っていた。特に律宗は華供、逆峰の、夏の華供と秋の逆峰を、「律学院不然破夏也」として日数をきちんと守ることが義務づけている。

最も円空の頃には、相当変形をきたしていると思われるが、諸国から馳せ参じた同行や俗人を、正大先達が引率する当山派一門の大集団と共に、律宗の円空が入峰行を行ったかどうかを決定づける資料は現在のところ発見されていない。

円空の思想や儀礼を知る上で、唯一の手懸りとなるのが円空和歌であるが、そこにも籠居を中心とした種類の歌は目立つが、同行先達に伴われて峰から峰を集団斗藪する様子のものは記録されていない。

☽大峰や神の使いも守らん
　照る月清き我庵
土　静かなる鷲窟に住なれて
　心の内は苔むしろ…（虫）…
（『円空歌集』高賀神社蔵）

と詠う和歌に見るように、大峰連山を抖藪するのではなく、月や星を神のように崇めて、深夜から暁にかけて修行する籠居中心の籠山修行を行っている様子の歌が主である。それも「鷲の窟に住みなれて」と表現するように、かなり長い日数、そこに居続ける籠山形態をとりながら限られた霊地を巡拝する大峰修行を行っているのであった。

土　祝いとて吉野の山の花なるか
　とるさかきハ白木こかねか
土　大峰や天川に年をへて

又来る春に花を見るらん

（『円空歌集』 高賀神社蔵）

この二首の歌が示すように、夜から暁にかけ観相をする籠山だけにと留まらず、大峰の厳しい冬をやり過ごし、四月の戸開けを待って行われる花供峰が始まる頃、籠居を終えて、諸堂舎に榊をもって勤行供花をして巡っているのであった。榊は、春の終わりから初夏にかけ白い花をつけるが、「白木こがね」と詠っていることから、石楠花や樒といった常緑樹ではなく、花をつけた榊を供花する夏峰を花供峰としていたことを示している。神仏どちらかといえば、神式に近い花供方法である。

そのことに関して興味をひくのは、春日山に纏わる和歌が三首あることである。

春、春か野に若菜摘みつゝ降る雪ハ

袖打払ふ花……（虫）

☽手結ぶ春日の薗に来る鹿ハ

鷲の御峯の人かとそミる

☽　法の道鹿あふ野への人ならは
　　　花京もよそニ見るらん
　　　（『円空歌集』高賀神社蔵）

と詠んで、雪が舞う立春正月、法相の守護神、春日若宮の霊地である春日山に居た形跡を伝えている。一夏九旬の夏中ではなく、冬中（年籠）を律宗分の苦修行とし、大峰に入る前、春日山で冬中を執行し潔斎をした上で、吉野へ入ってきた可能性を秘めている。大峰修験行の年籠を伝える円空和歌と合わせ、円空の律宗分の修験行を考える上で興味を引く歌である。八相成道の釈迦を仰いで修行する円空は、眼の前を横切っていく鹿を、霊鷲山浄土で説法をしている久遠釈迦如来の分身とみたて、その奇瑞に思いをはせている。律宗分の修験行として大峰に入った円空が伝える和歌にも、久遠の釈尊の説法所である霊鷲山に関するものが最も多く、次いで、多いのは天川に関する和歌である。

第四節　大峰山入峰

円空は寛文十三年（一六七三）から、延宝三年（一六七五）まで、大峰山修行を行っている。奈良の入口、奈良県吉野郡天川村栃尾山中の谷川沿いにある「堂谷窟」に籠居し、大峰山はもとより天川村や下市町から、和歌山（伊勢）街道沿いなど広範囲にわたった修行であった。

その足跡は、栃尾（天川村）観音堂の観音三尊、荒神一体の合計四体はじめ坪内（天川村）、遠くは片田（三重県志摩市志摩町）立神（三重県志摩郡阿児町）などに伝わる円空仏、さらには立神や片田にある円空仏を始め伊勢御師、地域の人々によって修復した大般若経六〇〇巻などが証明してくれる。

円空の大峰山登山路は二期に分けて、宿坊があった小篠（天川村）を中心に斗藪している。二回目の延宝三年の大峰登山路は、前回と同様、当山派修験の秘所であった小篠で修行し、弥山に下る登山路を巡ったものと推察されるが、前回と異なる点は、法隆寺の堂衆、文殊院秀恵が円空に同行していると思われることである。

松尾寺の役行者像の背面墨書の、「法隆寺文殊院秀恵　延宝三乙卯七月　於大峰圓空造之　□□山寺法印二の宿　□□□□江獨作□之」の銘文によると、秋峰、金剛界の峰、従果向因の峰などと言われる逆峰を実施しているのであった。そして、「□□山寺法印二の宿」の宿名は頭の部分の二字がはっきりしないが、大峰修行における二の宿とは、一般的には金峰山寺の満堂方桜本先達を指す。二の宿とは、役の行者の霊印を相承し、当山派の補任状に大宿の霊印とこの霊印を並べて捺印し、入峰度数に応じ官位を許可していた修験兼帯の衆徒である。

修験者の位階は、修行者本人の入峰回数によって位階が定まり、身分に優先したが、山上ケ岳の蔵王堂の奥の院小篠まで登山し、当山派に伝わる秘法の修法を相承して修行を積みあげて、初めて入峰の回数にみなされるのである。その為には、筋目先達のみならず、大峰先達の承認が必要であった。江戸後期には花供峰でも補任状がだされたが、円空の頃は金峰山から巡る逆峰のみであった。

円空の大峰修行が滞りなく執行された証となるのが役行者像の背銘であるが、円空の大峰修行を延宝三年七月とし、大峰に引導した堂衆行人として自ら法隆寺文殊院秀恵の名を記し、先達全体の承認の役を果たす二の宿名が記されている。この役行者像は、誰かの祈願用に造像されたのか、「□□□□江獨作□之」と記されている。「江戸公方江獨作造之」(『円空さん』名古屋市博物館企画)と読んでいるものもある。

当山派の逆峰は、七月十四日小篠駆け入り、十九日は官位の許可を記した補任状渡し、それが終わると、奥駆へ向かうか、下山するか、いずれかである。

大峰入峰を公認する為の基礎となる峰中作法を修得する期間は、七月十四日から十九日の間で、この期間は柴灯護摩の大護摩や小護摩が幾度も焚かれ、小木渡し、閼伽汲み、断食、金剛供、修験懺法、床堅など作法を中心とした修行する。中でも、初入峰の新客は別に修法が伝えられる。一年のほとんどを回国に費やす出家山伏にとって、またとない研鑽の場である。

八月の終わりから九月には、大峰入峰を終えて修験者たちが帰寺に着く頃で、九月九日には戸閉めを迎え、それ以降は留山となる。九月に小篠に到着していては、峰中作法を習って積み上げることは難しい。

大峰修了後、円空に授けられたと伝わる荒子観音寺の両頭愛染法の密教修法に関する『浄海雑記』の記録にみあう条件を満たすには、小篠で行われる峰中作法を積み上げ完成させておく必要がある。法隆寺の文珠院秀恵が、円空に付き従ったのも、法隆寺に伝わる堂衆の修験行を見届ける筋目としての役目柄ではなかったかと思われる。

その後、この役行者像がどのような運命をたどって、法隆寺末寺の松尾寺に蔵されたのか、その経路を明らかにすることは出来ないが、円空はその年の暮、留山となった小篠に再び戻って年籠に入っている。

土　昨日今日小笹山に降る雪は
　　年の終わりの神の形かも
　　　　　　　　　　（『円空歌集』高賀神社蔵）

吉野地方に雪の季節が訪れるのは、大体十二月二十四日過ぎといわれる。小篠山付近の宿での籠山と思われるが、留山となった小篠山に舞う雪に天降りしてくる神をみている。現在、山上ケ岳の蔵王堂の内陣裏側に安置されている阿弥陀像は、天河弁才天社の大国天像とほぼ同時期の像容である。この二体の造像は、小篠大国岩屋の周辺に籠居していたことを示す。

当時の当山派で行われる秋峰修行の根底にある偽死再生の思想は、大国岩に護摩木の小木を供える理護摩の作法を通して、煩悩が染汚した自己を滅し新しい自己に生まれ変わったと観ずる観念的教えとして説かれるのが普通である。

興福寺金堂衆の流れを汲む律宗円空の場合は、小笹大国岩の理護摩儀礼の中で、観念的に一度滅した自己を、小篠の雪山に設営された宿に籠らせ春を待って出峰する冬峰の実体験の中で、偽死再生思想を実際に儀礼として眼前に再現させているのであった。だが、越冬期間は、晦日山伏のように、戸開の四月に出峰するのではなく、立春には熱田宮、奥の院へ帰還する短期的なものであった。

これ等の史実を総合すると、当山派の修験道では、金剛界法と称して三密の観法を修得した上で、逆峰の小篠で伝えられる峰入り作法を相承すれば、初入峰であっても三僧祇くらいの位階を認めているのである。その逆峰で修得した小篠の峰中作法は、修行位の山伏として宗派を問わず修験道界の共通認識を得られるものであったとみえ、本山派の荒子観音寺の円盛法印は、口伝で師から弟子に秘密裏に伝える「両頭愛染法」を他門の円空の機根だけを見込んで伝えているのであった。これ以降、不動三尊や愛染明王、双身の歓喜天などの造像を各地に残すようになる。

天神禽類に法施をする乞食頭陀を行じながら、厳寒の小篠山に籠居し修験者の列に加わることが許された円空が、始めて手にした密教修法による衆生摂取の救済手段であった。

円空のその後の歩みは、白山修験の大地、下田の俗別当西神頭彦太夫神主の元を経て、粥川にある星宮神社の神宮寺、粥川寺に居を移し院号を取得、「歓喜院」と称して法号で呼ばれていくようになる。のち円空が取得した「歓喜院」の院号※は、円空中興の寺、弥勒寺（岐阜県関市）の弟子たちが、今日に受け継いでいったのである。

院号
仏教一般では、寺の別名や塔頭の号。修験道では、修験者の法号として用いられる。近世末、本、当、両派では、大峰入峰の度数で位階を与えていた、院号は大峰初入峰の階級。

エピローグ　人とカミの狭間を生きた円空

かつて、日本人は、尋常でない体験をした人を「カミ」と呼んだ。人の棲まない霊山に登り、峰から峰を渡り、梢を渡る風のざわめきにカミの声を聞いた。ある時は窟に籠り、窟の奥の暗闇に祀られている奇岩にカミの姿を感じ一心に祈りをささげ、奇岩のカミと感応同交し、その霊力を身に宿して灌仏会の日に常緑樹の小枝を手にして出山した。人々は、その人を修験者と呼び、新しいカミの当来と信じたのであった。円空は、そうした「半ば人間、半ばカミ」として、境界的世界に身を置いた山岳宗教者の系譜に繋がる近世期の修験者である。

大量に彫り出された像の中で、特に不可思議な様子を呈しているのが、怒髪を天空に向かって逆立てながら、如意寶珠を抱いて座す厳しい形相の護法神である。回国頭陀行に専心する円空を、影から侍衛をしていた護法神だろうか。仏法に帰依したとはいえ、人や神をくびきのように迷苦に縛る六道輪廻の輪からは、離脱出来ていない神である。その背面に、「イクタヒモタヘテモタルル三會テラ九十六億スエノヨマテモ」と和歌

弥勒寺にある円空の墓
（関市池尻）

當寺中興　元禄八乙亥天
（ユ・弥勒菩薩種子）　（花押）
圓空上人
七月十五日

と花押もって、「弥勒三会の契り」を、円空との間で結んでいる護法神である。回心の菩薩戒を受戒した後の修行路に見られるこの和歌は、円空が修復を手掛けた大般若経の奥書にも、「イクタヒモタヘテモタルル法ノ道九十六億スエノヨマテモ」（『大般若経、第六十二巻奥書』志摩郡阿児町薬師堂）と同種のものが詠まれている。和歌の内容から、円空の経典補修は、釈迦の教えを未来に繋ぎ、その功徳を人々に振り向けようとする作善であったことが窺える。

歌中で、比重を占めるのが、九十六億劫後に渡り迷苦に沈む程の重罪でも消除される、という滅罪の広大さを示す九十六億である。大般若経は読誦の功徳による九十六億劫後を説く。弥勒上生経は、六欲天の中にある兜卒天で諸天神祇に法を説く弥勒菩薩への帰依に絡めている。円空は、九十六億劫後に渡る滅罪と、そこから生じる生善を弥勒浄土から此土に導きだすことが、無仏世に郡雄割拠する神仏混淆の神の救済に繋がると修験路に踏み出したのであろうか。里山伏が信奉する古い土着の神の習合を、救道の始まりとした円空の本誓が、歌中から立ち登ってくるのである。

あとがき

私が円空に魅せられたのは、彼が彫り出した円空仏と称されている造像の中に、修験者の息吹を感じたからである。木立を激しく揺るがして、夕陽に向かって飛び去るカラスや、森の奥に続く漆喰の闇を、一瞬に通り過ぎていく山の精霊たちは、仏に帰依した神の姿が与えられていた。そこには、大自然に遍満する不可思議な世界を畏敬する修験者円空の、想像力と感性の豊かさを伝える神仏混淆の世界が広がっていた。

だが、人の記憶の底に眠る聖なる領域に忍び込むアニミズム性を宿した神仏混淆の世界は、人を魅了すると同時、精神的に抑圧する神とみなされ、信仰上の尊厳を失う危機に遭遇することがある。東海地方に集中する円空仏も、決して例外とは言えなかった。

しかし、明治の神仏分離政策の荒波を、人々の草の根に守られて今日に姿を留めることが出来た。

円空の行路を、時代ごとに造像を通じ跡づけすれば、円空の人間像や、江戸中期の修験者の形態が窺えるのではないか。そんな思いに駆られている時であった。

円空仏について、様々な角度から御教示を仰いでいる小島梯次先生が上梓された『円空仏入門』（まつお出版）の後を慕って、日の浅い私に上梓の機会が与えられたことは、嬉しさと同時に、そら恐ろしいことでもあった。時折、進行状況を尋ねて下さる電話に勇気を奮い起しながら、まつお出版の松尾一氏の元で、なんとか乗り越えることが出来、ほっとしている。

本書『円空と修験道』は、大先達修行に向かう過度期、円空前半生に絞った内容となっている。円空と修験道を語るには、割愛したものが多く、資料を読み解く未熟さからくる欠点もあるかと思われるが、これを機に多くの方から御教示と叱正が頂けるならばこの上ない幸である。

最後に、本書の出版に当たり、貴重な写真提供を下さった諸先輩の方々の御厚情に深く感謝を述べたい。

平成二十六年十二月

水谷早輝子

参考文献

第一章
『宝幡文書』長滝寺真鏡正編下巻　白鳥町史
『長滝文書』荘厳講執事帳巻三、白鳥町史
『近世の神道』神社と神道の歴史、神道辞典、国学院大学日本文化研究所編集、弘文堂
『釈迦嶽鷲山両部曼荼羅成道』峰中秘伝、修験道章疏第一巻、日本大蔵経編纂会編
『八幡信仰と修験道』中野幡能　吉川弘文館
『美並村史』史料編　美並村

第二章
『東北の円空仏』笠原幸雄　人間の科学社
『北海道の円空仏』小島梯次　行動と文化研究会
『円空仏入門』小島梯次　まつお出版
『播隆入門』黒野こうき　まつお出版
『伊吹山の修験道』満田良雄　山岳宗教史研究叢書　名著出版
『伊吹山修験史料』（観音寺文書・妙）山岳宗教叢書名著出版
『伊吹山寺』伊吹町教育委員会
『三身山伏之事』修験三十三通記　章疏二巻
『修験秘奥鈔』章疏三巻

『仏像印相大辞典』秋山昌海　図書刊行会
『修験道の修行と宗教民俗』五来重　法蔵館

第三章
『種字の諸相』梵字辞典中村瑞隆、石村喜英、三共健雄共著雄山閣
『羽黒山修験道略史』『古修験造秘記と伝持血脈』修験道修行大系編算委員会　国書刊行会
『東北霊山と修験道』月光善弘編　山岳宗教叢書　名著出版
『瑜伽論』第四十巻及び四十一巻、国驛一切経瑜伽部　大東出版
『観心學夢鈔』法相宗聖典　国驛大蔵経宗典部　大法輪閣
『法隆寺で円空仏発見』高田良信　昭和五一年四月一日発行　円空学会たより
『円空仏の背面梵字による造像年推定試論』小島梯次　人間の科学社

第四章
『法隆寺子院の研究』高田良信　同朋社
『南北朝記法隆寺記録』法隆寺記録を読む会、河野昭昌　岩田書院
『太子信仰の研究』林幹彌　吉川弘文館
『修験教団の形成と展開』鈴木昭英　法蔵館
『大峰修験の研究』宮家準　佼成出版
『院号之事』修練秘要義巻二目録　章疏第一巻
『修験道当山派と興福寺堂衆』徳永誓子　日本史研究会

写真提供者及び撮影者（敬称略）
池田勇次、小島梯次、鴇田静香、前田清逸、水谷早輝子

著者紹介

水谷早輝子（みずたに　さきこ）

愛知学芸大学（現愛知教育大学）
国立・養護教員養成課程修了
日本山岳修験学会会員
平成元年、修験道当山派「恵印七壇法」終了
著書に『女の森』（七賢出版）がある。

まつお出版叢書4

円空《えんくう》と修験道《しゅげんどう》

2015年2月1日　　第1刷発行
著　者　　水谷早輝子
発行者　　松尾　一
発行所　　まつお出版
〒500-8415
岐阜市加納中広江町68　横山ビル
電話 058-274-9479
郵便振替　00880-7-114873
印刷所　　ニホン美術印刷株式会社

※ 価格はカバーに表示してあります。
※ 落丁本、乱丁本はお取り替えします。
※ 無断転載、無断複写を禁じます。
ISBN4-944168-41-5　　C1315

まつお出版叢書シリーズ

①円空仏入門　　小島梯次

各地を巡錫した円空（1632～1695）の生涯は、修行と布教のための造像に貫かれている。あらゆる木を材料にして彫った神仏像は、微笑みの中に霊力が付加されている。機械と効率が幅を利かす現在、自然と共生し、子供と遊び、お味噌の匂いのする円空仏のぬくもりが再び求められているのではないか。円空仏は、まさしく庶民生活の中に息吹いている。

②木喰仏入門　　小島梯次

木喰（1718～1810）は、諸国を巡錫して、各地で多数の「木喰仏」といわれる神仏像などを彫り奉納、90歳にして最高傑作といえる像を彫り上げた。木喰仏は、硬軟合わせた多様性を持つ木喰の個性が溢れており、ユーモアもあり「微笑仏」と親しみを持って称せられ、現在でも庶民の信仰の対象となっている。

③播隆入門　　黒野こうき

槍ケ岳開山で知られる播隆（1786～1840）は、地位のある高僧、学僧でもなくも一介の聖であり、巧みな説法よりも、山で里で厳しく修行する姿に、人々は生き仏を感じ、まさに庶民とともにあった。さらには登拝（登山）信仰を確立させて槍ケ岳念仏講や播隆講へと発展していく。現在でも播隆祭、供養祭、播隆念仏講というかたちで人々の支えとなっている。

④円空と修験道　水谷早輝子

円空仏で著名な円空（1632～1695）は、「半ば人間、半ばカミ」として、山岳宗教者の系譜に繋がる和歌を詠む修験者であった。里山伏が信奉する古い土着の神の習合を、救済の始まりとした円空の本誓が、歌中から立ち上ってくる。大自然に遍満する不可思議な世界を畏敬する円空の、想像力と感性の豊かさを伝える神仏混淆の世界が広がっている。